COLEÇÃO
TESOUROS DA
IGREJA

FREI PATRÍCIO SCIADINI, OCD

HISTÓRIA DA ESPIRITUALIDADE CRISTÃ

EDITORA
SANTUÁRIO

Coordenação editorial: Ana Lúcia de Castro Leite
Copidesque: Maria Isabel de Araújo
Revisão Sofia Machado
Diagramação e Capa: Mauricio Pereira

Dados Internacionais de Catalogação na Publicação (CIP) de acordo com ISBD

S416h Sciadini, Patrício

História da espiritualidade cristã / Patrício Sciadini. - Aparecida : Editora Santuário, 2024.
232 p. ; 14cm x 21cm.

ISBN: 978-65-5527-432-5

1. Religião. 2. Cristianismo. 3. Catequese. 4. Espiritualidade. I. Título.

2024-1720 CDD 240
CDU 24

Elaborado por Odilio Hilario Moreira Junior - CRB-8/9949

Índice para catálogo sistemático:
1. Religião : Cristianismo 240
2. Religião : Cristianismo 24

1ª impressão

Rua Pe. Claro Monteiro, 342 – 12570-045 – Aparecida-SP
Tel.: 12 3104-2000 – Televendas: 0800 016 00 04
www.editorasantuario.com.br
vendas@editorasantuario.com.br

SUMÁRIO

INTRODUÇÃO

Não sou um estudioso da história da espiritualidade, mas um simples admirador da ação de Deus na história que, com a luz do Espírito Santo, conduz o povo fiel e dócil a uma experiência viva do amor de Deus. Uma primeira constatação que tenho feito é de que não existe nenhum século, ousaria dizer nenhum ano, que não seja marcado por santos e santas de todas as idades, estado social, que não tenham vivido com amor o Evangelho, com uma vida santa ou com o martírio para dar testemunho de Jesus.

Uma segunda constatação é de que o milagre mais belo da Igreja não são os teólogos, mas os santos, que são os melhores exegetas da Palavra de Deus, e não estão preocupados com o aspecto científico da análise bíblica e da hermenêutica, mas sim em viver o Evangelho assim como ele é, sem comentários e interpretações.

A história da espiritualidade é uma maravilhosa viagem místico espiritual através dos séculos, na qual podemos contemplar silenciosamente homens e mulheres de todas as idades que, silenciosamente ou às vezes em uma luta polêmica com os adversários, têm encarnado a Palavra de Deus.

Uma autêntica história da espiritualidade deve também levar em consideração os movimentos "antiespirituais" que querem viver o Evangelho de uma forma individual e fundamentalista, que voam em busca de visionários, que vivem mais seguros de si mesmos do que de Deus.

A verdade é uma luz que não se apaga, e os verdadeiros místicos e santos se deixam envolver por essa luz, pela fé e empatia com a pessoa de Jesus: Caminho, Verdade e Vida (Jo 14,6). Uma imitação de Cristo que ultrapassa os aspectos exteriores e sabe se adaptar ao momento presente. Uma espiritualidade que é sempre unida intimamente ao amor na sua dimensão transcendente e no amor ao próximo. A fonte do único amor, que não pode ser nunca disjunta de Deus e do próximo.

Esta breve história da espiritualidade é somente um "aperitivo", que tem como finalidade suscitar nos leitores interesse de aprofundar, pesquisar, especialmente procurando acompanhar o movimento do Espírito nos grandes autores espirituais, que se chamam Agostinho de Hipona, Tomás de Aquino, João da Cruz, Charles de Foucauld, Teresa do Menino Jesus. Somente entrando com a "ponta dos pés" no santuário interior do ser humano iluminado por Deus podemos compreender que todos somos chamados à santidade.

Faço votos que este pequeno livro sirva para despertar o amor à espiritualidade "feita de carne, de sangue, de vida" que dá sentido ao agir humano.

Quem estuda a espiritualidade foge do pessimismo, não é profeta da desventura, mas de esperança. A história do futuro nos dirá que, mesmo neste século, marcado por tantas ideias, ideologias, tem escondido o fermento de uma autêntica espiritualidade: oração e força transformadora da sociedade. O verdadeiro amor é criativo, sempre se renova e renova os que creem nele!

1

O QUE É ESPIRITUALIDADE

Querer definir o termo "espiritualidade" é como procurar uma agulha em um palheiro, tantas são as definições. Poderíamos dizer que cada autor tenta dar sua própria definição. Espiritualidade é um termo de mil nuances, como a palavra amor. Ousaria dizer com o que Santo Agostinho diz a respeito do tempo: "se ninguém me pergunta o que é o tempo, eu sei o que é. Se alguém me pergunta, não sei mais o que é". Mas assim podemos tentar definir, em uma maneira narrativa, em que consiste a espiritualidade:

a. É a ciência que se propõe estudar o sentido escondido do "espiritual", de todas as coisas, da criação, das pessoas, dos movimentos humanos, que busca ir além do visível; o mistério que tudo esconde e que, descoberto, dá sentido à vida. Uma ciência que se enriquece com a experiência dos santos, que têm dedicado a própria vida de maneira particular ao serviço de Deus e dos irmãos e das irmãs.

b. O conhecimento de tudo o que é espiritual, Deus, os anjos, o mundo interior de uma pessoa. Um conhecimento que foge às leis da natureza, fenômenos místicos, como os estigmas, as visões, os dons carismáticos etc.

c. O estudo que analisa as práticas de piedade, ou a religiosidade popular, para purificá-las de determinadas infiltrações, que não correspondem à fé, ou à maneira de viver de uma determinada religião.

d. Cada religião, por menor que seja, possui sua "espiritualidade", uma visão particular de ver a Deus, o mundo, ou certas práticas religiosas correspondentes.

e. Especifica determinadas escolas de espiritualidade das grandes Ordens religiosas; espiritualidade "dominicana, franciscana, carmelitana...", um sentido amplo e, ao mesmo tempo, restrito a um aspecto particular.

f. Existem muitos sinônimos para explicitar a espiritualidade: estilo de vida, método espiritual, normas espirituais. O que determina a espiritualidade é o adjetivo que segue a palavra espiritualidade: cristã, dos Padres da Igreja, budista, muçulmana, judaica, hindu etc.

g. No mundo atual, a palavra espiritualidade virou palavra "abusada" e usada em todos os sentidos, da espiritualidade "política" à espiritualidade ecológica, até tem quem fale da "espiritualidade" dos cachorros e dos gatos, das águas, das florestas... é uma inflação da espiritualidade, e isso não nos ajuda a compreendê-la em seu verdadeiro sentido.

h. Espiritualidade "geográfica", oriental, asiática ou ocidental, ponto de encontro e de desacordo dos vários métodos de visão do mundo subjetivo e objetivo.

i. Em poucas palavras, poderíamos dizer "a espiritualidade é a visão além do material, que toda religião tem. Nós, como católicos, colocamos como alicerce de toda espiritualidade o evangelho, e daí podemos compreender as várias matizes da espiritualidade.

j. Cada pessoa procura seu jeito de viver a palavra de Deus, por isso tem sua espiritualidade, que deve ser sempre confrontada:

Com a palavra de Deus,

Com a palavra da Igreja,

Com a vida de cada dia.

l. Um caminho humano e espiritual que nos ajuda a sermos testemunhas vivas de Jesus de Nazaré. O manual mais importante para o caminho de uma espiritualidade católica permanece: a bíblia, o Catecismo da Igreja Católica, a doutrina dos místicos e dos santos. Um amplo espaço o detém, as "devoções" aprovadas pela Igreja, especialmente a devoção à Virgem Maria, mãe de Jesus e nossa.

m. Hoje em dia, vivemos em uma "floresta de espiritualidades", e isso exige um verdadeiro discernimento e conhecimento da teologia espiritual. É bom não se deixar encantar pela palavra, para chegarmos a ter uma ideia clara desse termo.

n. Fala-se de espiritualidade dos movimentos carismáticos, das várias comunidades de vida. O importante é ter como base o evangelho e sua reta interpretação, evitar o subjetivismo "pseudo místico" que, neste início de século, tem um pouco invadido a mesma Igreja.

A espiritualidade é necessária para sair de si mesmo, do estreito campo do materialismo, que tenta sufocar a força do Espírito Santo. Um texto bíblico que pode ajudar a compreender em que consiste a espiritualidade é Mt 13, a parábola do semeador. Jesus apresenta o terreno, que é o coração humano, sem espiritualidade: a semente que cai à margem da estrada. No terreno pedregoso e que cai entre os espinhos, pouca espiritualidade, e a espiritualidade boa na semente que cai no terreno bom e fértil.

Releia essa parábola e irá descobrir o que é espiritualidade, com a mesma explicação de Jesus[1].

Naquele dia, Jesus saiu de casa e sentou-se à beira-mar. Uma grande multidão ajuntou-se em seu redor. Por isso, ele entrou num barco e sentou--se ali, enquanto a multidão ficava de pé, na praia. Ele falou-lhes muitas coisas em parábolas, dizendo: "O semeador saiu para semear. Enquanto semeava, algumas sementes caíram à beira do caminho, e os pássaros vieram e as comeram. Outras caíram em terreno cheio de pedras, onde não havia muita terra. Logo brotaram, porque a terra não era profunda. Mas, quando o sol saiu, ficaram queimadas e, como não tinham raiz, secaram. Outras caíram no meio dos espinhos, que cresceram sufocando as sementes. Outras caíram em terra boa e produziram fruto: uma cem, outra sessenta, outra trinta. Quem tem ouvidos, ouça!" "Vós, portanto, ouvi o significado da parábola do semeador. A todo aquele que ouve a palavra do Reino e não a compreende, vem o Maligno e rouba o que foi semeado em seu coração; esse é o grão que foi semeado à beira do caminho. O que foi semeado nas pedras é quem ouve a palavra e logo a recebe com alegria; mas não tem raiz em si mesmo, é de momento: quando chega tribulação ou perseguição por causa da palavra, ele desiste logo. O que foi semeado no meio dos espinhos é quem ouve a palavra, mas as preocupações do mundo e a ilusão da riqueza sufocam a palavra, e ele fica sem fruto. O que foi semeado em terra boa é quem ouve a palavra e a entende; este produz fruto: um cem, outro sessenta e outro trinta". (Mt 13,1-9. 18-23)

Espiritualidade:

A lâmpada do corpo é o olho: se teu olho for límpido, ficarás todo cheio de luz. Mas se teu olho for ruim, ficarás todo em trevas. Se, pois, a luz em ti é treva, quão grandes serão as trevas! Ninguém pode servir a dois senhores: ou vai odiar o primeiro e amar o outro, ou aderir ao primeiro e desprezar o outro. Não podeis servir a Deus e ao Dinheiro! "Por isso, eu vos digo: não vivais preocupados com o que comer ou beber, quanto à vossa vida;

[1] Prezado leitor, a Bíblia é por excelência o livro básico da espiritualidade cristã. Para auxiliá-lo no aprofundamento do caminho espiritual ao ler este livro, indicamos em certas passagens que crie o hábito de continuar a leitura do texto em sua Bíblia pessoal.

nem com o que vestir, quanto ao vosso corpo. Afinal, a vida não é mais que o alimento, e o corpo, mais que a roupa? Olhai os pássaros do céu: não semeiam, não colhem, nem guardam em celeiros. No entanto, o vosso Pai celeste os alimenta. Será que vós não valeis mais do que eles? Quem de vós pode, com sua preocupação, acrescentar um só dia à duração de sua vida? E por que ficar tão preocupados com a roupa? Olhai como crescem os lírios do campo. Não trabalham, nem fiam. No entanto, eu vos digo, nem Salomão, em toda a sua glória, jamais se vestiu como um só dentre eles. Ora, se Deus veste assim a erva do campo, que hoje está aí e amanhã é lançada ao forno, não fará ele muito mais por vós, gente fraca de fé? (Mt 6,22-30)

Somente assim veremos atrás de tudo a mão de Deus, que conduz a história do mundo e nossa história pessoal.

2

ESPIRITUALIDADE ANTROPOLÓGICA

Abrimos esta reflexão com o salmo 8, o cântico da maravilhosa e misteriosa realidade do ser humano:

> *[Ao maestro do coro. Para harpa de Gat. Salmo de Davi.] Ó Senhor, nosso Deus, como é glorioso teu nome em toda a terra! Sobre os céus se eleva a tua majestade! Da boca das crianças e dos lactentes te procuras um louvor contra os teus adversários, para reduzir ao silêncio o inimigo e o rebelde. Quando olho para o teu céu, obra de tuas mãos, vejo a lua e as estrelas que criaste: Que coisa é o ser humano, para dele te lembrares, o filho do homem, para o visitares? No entanto o fizeste só um pouco menor que um deus, de glória e de honra o coroaste. Tu o colocaste à frente das obras de tuas mãos. Tudo puseste sob os seus pés: todas as ovelhas e bois, todos os animais do campo, as aves do céu e os peixes do mar, todo ser que percorre os caminhos do mar. Ó Senhor, Senhor nosso, como é glorioso o teu nome em toda a terra! (Salmo 8)*

Somente o ser humano é capaz de pensar. Blaise Pascal definiu o homem: "uma cana pensante". Nós nos encontramos mergulhados em um mundo científico, em uma velocidade impossível de se acompanhar dos meios de comunicação, que é uma ótima oportunidade para viver, como diz o Concílio Vaticano II, "inter mirifica", isto é, em um mundo que gera estupor com suas descobertas e com suas invenções, sempre mais avançadas. De um lado, a inteligência humana que inventa e, de outro lado, a inteligência "artificial", inventada pelo ser humano, que se não soubermos usá-la, corremos o risco que destrua aquele que a inventou.

É o risco que corremos. Há uma certeza nos mesmos cientistas de que a inteligência humana será sempre superior e única em saber produzir sentimentos "humanos", não artificiais, de amor, de ódio, de prudência, de geração de outros seres humanos. É o desafio que vivemos, não nos deixar afogar e encantar pela beleza do artificial, que quer substituir o real.

Sempre a espiritualidade tem dado muita importância ao "corpo" mesmo, devemos reconhecer, mais em seu aspecto negativo de inimigo do Espírito que de um bom amigo, que Deus nos tem dado para realizar seu projeto de amor. O bem, embora tenha seu início na mente, no coração, realiza-se com o corpo e no corpo. O domínio do corpo, a canalização de suas paixões e seus sentimentos, favorece a vida espiritual. Na antropologia atual e na teologia espiritual se procura sublinhar que o corpo não é "burro ou o cavalo indomável", que só obedece a quem o domina, mas é um amigo, companheiro de caminhada rumo ao céu.

A Escritura Sagrada, em seu início, apresenta, com uma poesia belíssima, a Deus criador do ser humano, um ser humano "artesanal", com uma delicadeza única. Deus, o divino artesão, "toma o barro e forma o ser humano, e nele infunde o espírito da vida" e se orgulha de sua obra e viu que era "muito bom":

Deus disse: "Façamos o ser humano à nossa imagem e segundo nossa semelhança, para que domine sobre os peixes do mar, as aves do céu, os animais domésticos, todos os animais selvagens e todos os animais que se movem pelo chão". Deus criou o ser humano à sua imagem, à imagem de Deus o criou. Homem e mulher ele os criou. E Deus os abençoou e lhes disse: "Sede fecundos e multiplicai-vos, enchei a terra e submetei-a! Dominai sobre os peixes do mar, as aves do céu e todos os animais que se movem pelo chão". Deus disse: "Eis que vos dou, sobre toda a terra, todas as plantas que dão semente e todas as árvores que produzem seu fruto com sua semente, para vos servirem de alimento. E a todos os animais da terra, a todas as aves do céu e a todos os animais que se movem pelo chão, eu lhes dou todos os vegetais para alimento". E assim se fez. E Deus viu tudo quanto havia feito, e era muito bom. (Convidamos o leitor a tomar sua Bíblia e ler todo o texto em Gn 1,1-2,4.)

Mas por que Deus criou o ser humano? Muitas podem ser as respostas, mas uma me parece fundamental, Deus é amor e amor não pode permanecer "fechado em si mesmo por muito tempo". Na criação, Deus manifesta e expande seu ser. Cria por amor, conserva por amor. E tudo no seio das pessoas divinas é amor, que como uma grande luz se expande e ilumina.

Por meio da escritura, e especialmente por meio dos salmos, podemos percorrer o caminho da presença sempre atuante de Deus. O ser humano, descobrindo sua fragilidade, sente a necessidade de buscar outro ser pessoal, poderoso, criador e salvador, que se chama Deus. Essa descoberta é o que faz a diferença entre a religião católica e as outras crenças. Poderíamos dizer com maior propriedade, entre as três religiões abraâmicas: judaica, cristã, muçulmana. Religiões que creem em um Deus não como energia, mas como pessoa. E para nós, um Deus pessoal: Pai, Filho e Espírito Santo. É a pessoa do Filho que se faz carne e vem habitar no meio de nós, para ensinar-nos o novo caminho da vida. Jesus, Verbo eterno do Pai, que se autodefine: "Eu sou o Caminho, a Vida, a Verdade. Eu sou o bom pastor". (Jo 14,6; Jo 10,14-18)

O ser humano é, por sua própria natureza social e dialogante, capaz de entrar em comunhão com outros seres humanos e com o mesmo Deus. O que é a oração senão um diálogo com Deus? Diálogo precisa necessariamente de dois momentos fundamentais: a escuta e a resposta. Onde não tiver esses dois momentos, há monólogo. Há vazio, há frustração. A sátira dos ídolos do Salmo 115 ou do profeta Isaías significa o vazio da idolatria: tem mãos e não apalpam, tem olhos, mas não veem.

> *Os ídolos das nações são prata e ouro, feitos por mãos humanas; têm boca e não falam, têm olhos e não veem, têm ouvidos e não ouvem, têm nariz e não cheiram. Têm mãos e não palpam, têm pés e não andam; da garganta não emitem sons. Sejam como eles os que os fabricam e todos os que neles confiam. É no Senhor que Israel confia: ele é seu auxílio e seu escudo. (Sl 115,4-9)*
>
> *"Manda vir este povo que é cego, embora tenha olhos perfeitos, manda vir este povo que é surdo, embora tenha ouvidos. (Is 43,8)*

2.1 A desventura do pecado

O pecado não foi uma aventura positiva, mas sim uma desventura pela qual, até hoje, nós pagamos uma conta pesada, com nossa realidade humana, que é propensa ao pecado, ao mal. Essa luta dentro de nós é percebida em todos os livros da Escritura, uma luta que não raramente é extrema. O papa Francisco nos tem repetido: com o diabo não se dialoga, porque perderemos diante de sua astúcia, em que nos apresenta o mal como bem. São João da Cruz, e com ele outros místicos, recordam-nos que o diabo, para enganar-nos melhor, veste-se como "anjo de luz". Particularmente interessante para descrever essa luta contra o mal é o apóstolo Paulo em seu texto famoso na carta aos Gálatas, em que descreve os frutos da carne e do espírito. Tudo é amor, e na liberdade do amor podemos tudo. Mas tem um porém... Nossa atração também para o mal.

> *Eu vos exorto: deixai-vos sempre guiar pelo Espírito, e nunca satisfaçais o desejo da carne. Pois o que a carne deseja é contra o Espírito, e o que o Espírito deseja é contra a carne: são o oposto um do outro, e por isso nem sempre fazeis o que gostaríeis de fazer. Se, porém, sois conduzidos pelo Espírito, então não estais sob o jugo da Lei. São bem conhecidas as obras da carne: imoralidade sexual, impureza, devassidão, idolatria, feitiçaria, inimizades, contenda, ciúmes, iras, intrigas, discórdias, facções, invejas, bebedeiras, orgias e outras coisas semelhantes. Eu vos previno, como aliás já o fiz: os que praticam essas coisas não herdarão o reino de Deus. O fruto do Espírito, porém, é: amor, alegria, paz, paciência, amabilidade, bondade, lealdade, mansidão, domínio próprio. (Gl 5,16-23)*

O homem "carnal" se opõe ao homem espiritual. É necessária uma vigilância perene, para que a carne não domine o espírito. O homem carnal, que derrotou o velho Adão e a velha Eva, é redimido pelo novo Adão, Cristo, e nova Eva, Maria, instrumentos de nossa redenção.

O mesmo Espírito "levou Jesus ao deserto para ser tentado". Uma nova visão da espiritualidade é que a tentação em si mesma não é negativa, mas sim positiva, onde Deus prova a consistência de nossa fidelidade a seu amor. Tem-se falado por muito tempo que os monges fogem para o deserto para fugir do mal, mas, na verdade, o monge não vai ao deserto para fugir do diabo, mas para enfrentá-lo face a face. Vence o mundo com a "fuga mundi", vence o diabo enfrentando-o no deserto, no silêncio e na penitência.

A inocência perdida se recupera com o amor, buscando viver a palavra de Deus, e com uma constante purificação, que acontece na oração, na vivência dos sacramentos e nas práticas de devoção, que vão nos distanciando do mal e nos aproximando do bem. Um caminho que deve nos levar à plena maturidade espiritual em Cristo Jesus. O amor pleno será o amor oblativo como vítima pura e Santa.

> *Eu vos exorto, irmãos, pela misericórdia de Deus, a oferecerdes vossos corpos em sacrifício vivo, santo e agradável a Deus: este é o vosso verdadeiro culto. Não vos conformeis com este mundo, mas transformai-vos, renovando vossa maneira de pensar e julgar, para que possais distinguir o que é da vontade de Deus, a saber, o que é bom, o que lhe agrada, o que é perfeito. Pela graça que me foi dada, recomendo a cada um de vós: ninguém faça de si uma ideia muito elevada, mas tenha de si uma justa estima, de acordo com o bom senso e conforme a medida da fé que Deus deu a cada um.* (Rm 12,1-3)

2.2 Os três inimigos da santidade

Os últimos Papas têm tentado recuperar a positividade do "corpo humano", especialmente nas encíclicas, embora até nossos dias a visão negativa que se tem depositado na teologia nos últimos milênios ainda resista em alguns rincões "do tradicionalismo", que crê que se vença o mal somente com as próprias forças e à base de jejuns e penitências, sempre tem validade o pensamento de Jesus "vigiai e orai, porque não sabeis nem o dia e nem a hora em que o Senhor voltará!", e nem em que dia ou a hora em que a morte chegará. A vigilância não deve ser um tormento, mas algo que nasce dos desejos mais profundos de nosso coração, que busca a verdade.

São João da Cruz apresenta três inimigos da perfeição, que ele chama de “cautelas”, isto é, prudências, atenções, alertas diante desses três males. Ficar desperto para não cair na armadilha dos três inimigos: o mundo, a carne, o diabo.

Eis o que diz o santo doutor do Carmelo, nascido em 1542, que morreu em 1591. Sem dúvida é o Pai dos espirituais, que, por experiência própria, ensina qual caminho devemos seguir.

Cautelas

1. O religioso que deseja chegar rapidamente ao santo recolhimento, silêncio espiritual, desnudez e pobreza de espírito, em que se goza o pacífico refrigério do Espírito Santo e chega a alma a unirse com Deus e se liberta dos entraves das criaturas deste mundo, se defende das astúcias e engodos do demônio e se desembaraça de si mesmo, deve exercitarse nos pontos que vão ser apresentados.

2. E, pois, advertir que todos os danos recebidos pela alma procedem de seus já citados inimigos, isto é: mundo, demônio e carne. O mundo é o inimigo que menos dificuldades oferece. O demônio é o mais obscuro de entender. A carne é o mais tenaz deles e suas arremetidas duram enquanto durar o homem velho.

3. Para vencer qualquer desses inimigos é mister vencer os três, e, enfraquecendo um, enfraquecem-se os outros dois, e, vencidos esses três, cessa a guerra para a alma.

Contra o mundo

4. Para conseguires libertar-te perfeitamente do dano que o mundo te pode causar, hás de usar de três cautelas.

Primeira cautela

5. A primeira é que a respeito de todas as pessoas tenhas igual amor e igual esquecimento, quer sejam parentes, quer não o sejam, desprendendo o coração tanto de uns como de outros; e até, de certo modo, mais dos parentes pelo receio de que a carne e o sangue venham a exacerbarse com o amor natural que costuma existir entre os parentes e que convém mortificar sempre para atingir a perfeição espiritual.

6. Considera a todos como estranhos e dessa maneira cumprirás melhor teu dever para com eles do que pondo neles a afeição que deves a Deus. Não ames a uma pessoa mais do que a outra, porque errarás, pois é digno de maior amor aquele que Deus mais ama e tu ignoras a quem ele ama [mais]. Esquecendo-os, porém, igualmente a todos, como te convém fazer para o santo recolhimento, livrarteás do erro do mais e do menos com relação a eles.

Nada penses a respeito deles, nem bem, nem mal. Evitaos, o quanto te for possível. E se fores remisso em observar esses pontos, não saberás ser religioso, nem poderás chegar ao santo recolhimento, nem livrar-te das imperfeições que isso traz consigo. E se, neste particular, quiseres permitirte alguma liberdade, com um ou com outro, enganarteá o demônio ou tu a ti mesmo sob cor de bem ou de mal.

Se assim procederes, terás segurança, pois, de outro modo, não poderás libertarte das imperfeições e danos que as criaturas costumam causar à alma.

Segunda cautela

7. A segunda cautela contra o mundo refere-se aos bens temporais. Para te livrares, completamente, dos danos dessa espécie e refreares a demasia do apetite, faz-se mister aborreceres toda a forma de propriedade. Não deves ter cuidado algum a esse respeito, nem de comida, nem de vestido, nem de outras coisas criadas; nem do dia de amanhã, empregando essa solicitude em outra coisa mais elevada, que é buscar o reino de Deus, ou seja, em não faltar a Deus, porque o demais, como disse Sua Majestade (Mt 6,33), ser-nos-á dado por acréscimo, pois não há de esquecer de ti aquele que cuida dos animais. Com isso adquirirás silêncio e paz nos sentidos.

Terceira cautela

8. A terceira cautela é muito necessária para saberes te guardar, no convento, de todos os danos a respeito dos religiosos, pois, por não haverem observado, muitos não apenas perderam a paz e o bem da sua alma, como vieram e vêm, ordinariamente, a cair em muitos males e pecados. Consiste essa cautela em evitares, com todo o cuidado, o pensamento e mais ainda falar sobre o que se passa na comunidade; o que acontece ou aconteceu com qualquer religioso em particular; não te ocupes da sua maneira de ser, do seu trato, das suas coisas, por mais graves que sejam. Nem a pretexto de zelo, de remédio a dar, digas coisa alguma, a não ser a quem de direito convém dizê-lo a seu tempo. Não te escandalizes jamais nem te admires de coisas que vejas ou percebas, procurando guardar a tua alma no esquecimento de tudo isso. Porque se quiseres reparar em alguma coisa, mesmo que vivas entre anjos, muitas coisas não te parecerão bem por não compreenderes a substância delas.

9. Sirva-te de exemplo a mulher de Ló (cf. Gn 19,26), que por se ter perturbado com a perdição dos sodomitas e voltado a cabeça, para observar o que se passava, a castigou o Senhor transformandoa em estátua de sal. É para que entendas que, ainda no caso de viveres entre demônios, Deus quer que vivas de tal modo no meio deles que não desvies a cabeça do pensamento às suas coisas, mas que as deixes totalmente, procurando conservar a alma pura e inteira em Deus, sem que qualquer pensamento, a respeito disso ou daquilo, te possa estorvar.

E para isso, tem por fato comprovado que nos conventos e comunidades nunca há de faltar empecilhos, pois nunca faltam demônios que procuram derrubar os santos, e Deus assim o permite para os exercitar e provar.

E, se não tomares precaução, segundo ficou dito, fazendo como se não estivesses em casa, não poderás ser religioso, por mais que te esforces, nem chegar à santa desnudez e recolhimento, nem libertarte dos danos que isso acarreta. Porque, não fazendo assim, por melhor intenção e zelo de que estejas animado, numa ou noutra coisa te colherá o demônio, e bastante envolvido já te encontras quando dás ensejo a que a tua alma se distraia em qualquer dessas coisas. Recordate do que disse o apóstolo S. Tiago (1,26): Se alguém julga que é religioso, não refreando a língua, é vã sua religião. E isso entende-se não menos da língua interior que da exterior.

Contra o demônio

10. Dessas três cautelas deve lançar mão quem aspirar à perfeição, a fim de livrar-se do demônio, seu segundo inimigo. Para isso, é de advertir que, entre os numerosos ardis usados pelo demônio para enganar os espirituais, o mais comum é enganá-los sob a aparência de bem e não sob aparência de mal; pois sabe que, conhecido o mal, dificilmente o abraçariam. E, assim, hás de acautelarte sempre do que te parece bem, máxime não intervindo nisso a obediência. A segurança e o acerto nessas coisas reside no conselho daquele que o deve dar.

Primeira cautela

11. Seja, pois, a primeira cautela no sentido de que jamais te movas a coisa alguma, ainda que te pareça boa e cheia de caridade, quer para ti quer para qualquer outra pessoa, dentro e fora de casa, sem ordem de obediência, a não ser para aquilo a que por ordem estás obrigado. Com esse modo de proceder, adquirirás mérito e segurança. Livra-te de propriedade e fugirás do demônio e evitarás danos que nem imaginas e de que, a seu tempo, Deus te pedirá contas. Mas, se não observares essa cautela, tanto no pouco como no muito, por mais que te pareça acertar, não deixarás de ser enganado, em pouco ou em muito, pelo demônio. E se não te regeres em tudo pela obediência, já não estarás isento de erro culposo, pois Deus quer antes a obediência que sacrifícios (1Sm 15,22). As ações do religioso não lhe pertencem, mas são da obediência e se dela as subtraíres, delas te pedirão contas, como se fossem perdidas.

Segunda cautela

12. Seja a segunda cautela no sentido de jamais considerares o prelado menos que Deus, seja ele quem for, pois foi constituído em seu lugar. Acautela-te neste ponto, pois, o demônio, inimigo da humildade, mete muito aqui a mão. E considerando o prelado do modo acima dito, será grande o bem e o aproveitamento que te advirão, e não sendo assim, grande a perda e o dano. E, portanto, põe-te cuidadosamente de sobreaviso para não considerares sua índole, seu trato, sua aparência, nem outras maneiras suas de proceder; porque com isso far-te-ás tanto dano que virás a mudar a obediência de divina em hu-

mana, movendo-te ou não, apenas pelos modos que puderes observar visivelmente no prelado, e não por Deus invisível, a quem nele serves. E a tua obediência será vã ou tanto mais infrutuosa quanto mais te magoares com a índole adversa do teu prelado, ou com sua índole agradável, te alegrares. Asseguro-te que por haver o demônio feito com que considerassem as coisas por esse prisma, induzindo a pôr os olhos nestas exterioridades, acerca da obediência, conseguiu arruinar na perfeição a muitíssimos religiosos, e seus atos de obediência são de muito pouco valor diante de Deus.

Se não te esforçares neste ponto, de modo que já pouco te importe que o prelado seja este ou aquele, pelo que pessoalmente te diz respeito, não poderás, de forma alguma, ser espiritual nem observar bem os teus votos.

Terceira cautela

13. *A terceira cautela, diretamente contra o demônio, é que do íntimo do coração procures sempre humilhar-te em palavras e em obras, regozijando-te do bem dos outros como se fosse teu e querendo que sejam preferidos a ti em todas as coisas e isso com inteira sinceridade. Assim agindo, vencerás o mal com o bem, expulsarás o demônio para longe e andarás com alegria no coração; e procura exercitar mais isso com os que menos te caírem em graça.*

E fica sabendo que, se assim não exercitares, não chegarás à verdadeira caridade, nem nela aproveitarás. E sê sempre mais amigo de ser por todos ensinado do que de querer ensinar ao menor entre todos.

Contra a carne

14. *De mais três cautelas há de usar aquele que quiser vencer-se a si mesmo e à sua sensualidade, seu terceiro inimigo.*

Primeira cautela

15. *A primeira cautela é que compreendas que não vieste para o convento senão para que todos te instruam e exercitem. E, assim, para te livrares das imperfeições e perturbações que te podem oferecer a índole e o trato dos religiosos e tirar proveito de todos os acontecimentos, convém pensar que todos os que se encontram no convento são agentes encarregados de*

te exercitar, como o são na realidade: que uns te hão de aperfeiçoar por palavras, outros por obras, outros pensando mal de ti e que a tudo hás de estar sujeito, como a estátua o está ao que a lavra, pinta e doura. E se não observares essa norma, não conseguirás vencer tua sensualidade e sentimentos, nem saberás conviver em harmonia no convento com os religiosos, nem alcançarás a santa paz, nem te livrarás de muitos tropeços e males.

Segunda cautela

16. A segunda cautela é que jamais deixes de fazer as obras por não encontrar nelas gosto e prazer, se convier ao serviço do Senhor que se façam; nem as executes apenas pelo prazer e gosto que te proporcionarem, senão [que] deves fazê-las tanto como as desagradáveis. Porque sem isso é impossível adquirires constância e venceres tua fraqueza.

Terceira cautela

17. A terceira cautela seja que nunca o varão espiritual ponha os olhos no prazer dos exercícios para a eles se apegar, vindo a fazê-los só pelo gosto que lhe proporcionam; nem fuja do amargo deles, mas antes, procure de preferência o trabalhoso e o desagradável.

Com isso põe-se freio à sensualidade, pois, de outra forma, não perderás o amor-próprio, nem ganharás o amor de Deus. (CAUTELAS, São João da Cruz)

2.3 A Espiritualidade das crises

Vivemos um tempo de crises de todo tipo: crises econômica, política, religiosa, social, familiar... Nossos olhos veem a crise como um período negativo, mas, na realidade, se ficamos fiéis à etimologia da palavra, a crise é positiva, é purificação para voltar ao essencial, ao original, e reencontrar o esplendor e a força aos valores iniciais, seja da fé, seja de outros aspectos da vida. A crise é o método com que se separa a terra do ouro, com a força do fogo, em que todas as escórias são eliminadas e resta a pureza do ouro.

O mundo da tecnologia e da "super ciência" recusa as crises, em troca da prosperidade e do bem-estar, e esquece que o "deserto" é uma passagem obrigatória para quem caminha na fé abraâmica, rumo à terra prometida por Deus.

O "HOMO VIATOR", caminhante e peregrino pelas estradas do mundo, deve atravessar noites e vales, buscar como canta o salmista, mas nesta noite lhe resta somente a confiança em Deus: "ele é o meu pastor, não me falta nada!" As crises são dolorosas porque é como se alguém nos tivesse tirado o tapete, a terra debaixo dos pés. Percebemos um vazio, o nada que nos apavora, uma insegurança que nos torna frágeis, e é aí que a fé se torna mais adulta. Paulo confessa "quando sou fraco é que sou forte!" Não forte do humano, mas do Espírito que revigora nossos membros vacilantes, e nossos joelhos trêmulos, para continuarmos o caminho. A crise de fé é comum a todos, o mesmo Jesus viveu momentos de obscuridade da fé. Quando lemos a grande litania dos santos da fé em Hebreus 11, e passamos à meditação do capítulo 12, encontramo-nos com um texto que nos consola (Hb 12,1-4), em que Jesus é apresentado como o autor e consumador da fé.

> *Portanto, com tamanha nuvem de testemunhas em torno de nós, deixemos de lado tudo o que nos atrapalha e o pecado que nos envolve. Corramos com perseverança na competição que nos é proposta, com os olhos fixos em Jesus, que vai à frente da nossa fé e a leva à perfeição. Em vista da alegria que o esperava, suportou a cruz, não se importando com a infâmia, e assentou-se à direita do trono de Deus. Pensai pois naquele que enfrentou uma tal oposição por parte dos pecadores, para que não vos deixeis abater pelo desânimo. A pedagogia do sofrimento. Vós ainda não resististes até o sangue, na vossa luta contra o pecado...*

Não existe, ou pelos menos eu não conheço, algum santo que não tenha passado por crise de fé, de esperança e de caridade, mas permaneceu firme, porque a confiança dele estava edificada sobre a rocha e não sobre a areia.

Um texto de antropologia encontramos no salmo 138. Uma meditação profunda sobre a fragilidade humana, a presença de Deus que nos abraça "pela frente e por detrás", onde não é possível se esconder de Deus, e que somos tecidos em todas as nossas células com amor paterno por Deus, onde o salmista define a si mesmo um "mistério insondável" e que só é possível se conhecer em Deus.

> *[Ao maestro do coro. Salmo de Davi.] Senhor, tu me examinas e me conheces, sabes quando me sento e quando me levanto. Penetras de longe meus pensamentos, distingues meu caminho e meu descanso, sabes todas as minhas trilhas. A palavra ainda não me chegou à língua e tu, Senhor, já a conheces toda. Por trás e pela frente me envolves e pões sobre mim a tua mão. Para mim, tua sabedoria é grandiosa, alta demais, eu não a entendo. Para onde irei, longe do teu espírito? Para onde fugirei da tua presença? Se subo ao céu, lá estás, se desço ao abismo, aí te encontro. Se utilizo as asas da aurora para ir morar nos confins do mar, também lá tua mão me guia e me segura tua mão direita. Se eu digo: "Que ao menos a escuridão me esconda e que a luz se faça noite ao meu redor"; nem as trevas são escuras para ti e a noite é clara como o dia; para ti as trevas são como luz. Foste tu que criaste minhas entranhas e me teceste no seio de minha mãe. Eu te louvo porque me fizeste maravilhoso; são admiráveis as tuas obras; tu me conheces por inteiro. Não te eram ocultos os meus ossos quando eu estava sendo formado em segredo, e era tecido nas profundezas da terra. Ainda embrião, teus olhos me viram e tudo estava escrito no teu livro; meus dias estavam marcados antes que chegasse o primeiro. Como são profundos para mim teus pensamentos, como é grande seu número, ó Deus! Se os conto, são mais que a areia, se acho que terminei, ainda estou contigo. Examina-me, ó Deus, e conhece meu coração, prova-me e conhece meus sentimentos; olha se meu caminho se desvia e guia-me pelo caminho eterno. (Sl 138,1-18, 23-24)*

Por meio desses textos e de outros da sagrada escritura, podemos ter uma visão da pecaminosidade do ser humano, de suas ânsias e seus desejos de infinito. Nossos desejos devem ser sempre maiores do que nós. “Sejais perfeitos como é perfeito o vosso Pai que está no céu!”

3

ESPIRITUALIDADE BÍBLICA

A Bíblia, do Gênesis ao Apocalipse, é um guia seguro para o caminho humano espiritual para todos os que buscam o Senhor, até que ele esteja perto, até que ele se deixe encontrar. Nosso Deus é verdadeiramente um Deus escondido e misterioso, como confessa, com simplicidade e angústia, o profeta Isaías. Um Deus que se manifesta no fogo da sarça ardente, ou no terremoto que tudo abala, ou na tempestade, mas o Senhor se esconde no silêncio de uma brisa leve. A epopeia de Elias, 1Rs 1-19, coloca-nos diante do mistério libertador de Deus. Os Deuses oprimem, nosso Deus liberta e nos conduz a uma vida de serenidade e de paz.

É certeza para todos os que creem em Deus de Israel de que a bíblia contém uma palavra inspirada por Deus e que chega até nós pelos profetas. A Igreja o afirma em seus documentos, especialmente do Concílio Vaticano II. A palavra de Deus, o Verbo que está no seio do Pai se fez carne no seio virginal de Maria, veio habitar no meio de nós. O evangelista João afirma: "aquele que estava no seio do Pai veio no meio de nós, nós o vimos, nós o ouvimos, e nós tocamos o Verbo da vida... e a nossa palavra é verdadeira".

O que era desde o princípio, o que ouvimos, o que vimos com os nossos olhos, o que contemplamos e o que as nossas mãos apalparam da Palavra da Vida – vida esta que se manifestou, que nós vimos e testemunhamos, vida eterna que a vós anunciamos, que estava junto do Pai e que se tornou visível para nós –, isso que vimos e ouvimos, nós vos anunciamos, para que estejais em comunhão conosco. E a nossa comunhão é com o Pai e com seu Filho, Jesus Cristo. Nós vos escrevemos estas coisas para que a nossa alegria seja completa. (1Jo 1,1-4)

A bíblia ocupa o primeiro lugar, a primeira fonte para uma verdadeira espiritualidade, porque contém em si mesma a palavra de Deus e a experiência de homens e mulheres que viveram essa palavra e realizaram o sonho manifestado pelo apóstolo Paulo na carta a Efésios:

Conforme o desígnio benevolente de sua vontade, ele nos predestinou à adoção como filhos, por obra de Jesus Cristo, para o louvor de sua graça gloriosa, com que nos agraciou no seu bem-amado. Nele, e por seu sangue, obtemos a redenção e recebemos o perdão de nossas faltas, segundo a riqueza da graça, que Deus derramou profusamente em nós, abrindo-nos para toda a sabedoria e inteligência. Ele nos fez conhecer o mistério de sua vontade, segundo o desígnio benevolente que formou desde sempre em Cristo, para realizá-lo na plenitude dos tempos: reencabeçar tudo em Cristo, tudo o que existe no céu e na terra. Em Cristo, segundo o propósito daquele que opera tudo de acordo com a decisão de sua vontade, fomos feitos seus herdeiros, predestinados a ser, para louvor da sua glória, os primeiros a pôr em Cristo nossa esperança. (Convidamos o leitor a tomar sua Bíblia e ler todo o texto em Ef 1,1-12)

Não devemos duvidar disso, que é a diferença do Deus de outras religiões e o nosso: Deus se revela e nos convida a entrar em sua intimidade. Será o mesmo Filho de Deus, Jesus, que nos diz isto: "não vos chamo servos, mas amigos e vos revelei tudo o que ouvi de meu Pai" (Jo 15,15).

Atualmente, creio que todos temos a possibilidade de ler, meditar a bíblia, não só em sua integridade, mas também nos múltiplos comentários que existem. São Jerônimo dizia: "desconhecer as Escrituras é desconhecer o próprio Cristo". Na *lectio divina* da Palavra encontramos o caminho de nossa santidade.

4

ESPIRITUALIDADE DA PRIMEIRA ALIANÇA

Todas as bíblias católicas se dividem no Antigo Testamento e no Novo Testamento. O Antigo Testamento se compõe de 46 livros e o Novo Testamento de 27 livros. Hoje se prefere falar da primeira Aliança e da segunda Aliança. Parece uma terminologia mais apropriada ao conteúdo dos mesmos livros. A iniciativa do amor parte sempre de Deus, que faz aliança com seu povo. No Novo Testamento essa aliança é renovada por meio de Jesus, que a consagra com seu sangue derramado na cruz. Santo Agostinho, com profunda perspicácia, dizia: "no Antigo Testamento o Novo está escondido, e no Novo Testamento o Antigo se manifesta". Não tem sentido o Antigo Testamento para nós católicos em si mesmo. Ele é a porta, o caminho que nos leva necessariamente à vinda do Messias, é a porta de entrada para a nova e eterna Aliança.

A primeira aliança se abre com o livro do Gênesis e se fecha com o livro de Malaquias. Dentro desse vasto arco de tempo, povoado de homens e mulheres santos, que se preocuparam em defender a Deus, de conservar a pureza da religião e o culto a Deus, encontramos o Deus vivo dos exércitos, que combate ao do ser humano. Combate, especialmente, todas as formas de idolatria. É um povo santo adquirido pelo mesmo Deus criador, um povo escolhido para ser um povo amado pelo único Deus. O povo de Israel canta a misericórdia do Senhor: sim porque eterno é seu amor!

Diante dos gestos de Deus em favor de seu povo, a única resposta é: sim, porque eterno é seu amor! O Salmo 135 é um salmo histórico, aberto para o futuro, que canta essa misericórdia.

> *Aleluia! Louvai o Senhor, pois ele é bom: pois eterno é seu amor. Louvai o Deus dos deuses: pois eterno é seu amor. Louvai o Senhor dos senhores: pois eterno é seu amor. Só ele fez grandes maravilhas: pois eterno é seu amor. Criou os céus com sabedoria: pois eterno é seu amor. Firmou a terra sobre as águas: pois eterno é seu amor. Fez os grandes luminares: pois eterno é seu amor. O sol para governar o dia: pois eterno é seu amor. A lua e as estrelas para governar a noite: pois eterno é seu amor. Feriu o Egito nos seus primogênitos: pois eterno é seu amor. Tirou Israel do meio deles: pois eterno é seu amor. Com mão poderosa e braço estendido: pois eterno é seu amor. Dividiu o mar Vermelho em duas partes: pois eterno é seu amor. Fez Israel passar no seu meio: pois eterno é seu amor. Lançou ao mar Vermelho o faraó e seu exército: pois eterno é seu amor. Guiou seu povo no deserto: pois eterno é seu amor. Feriu grandes soberanos: pois eterno é seu amor. Matou reis poderosos: pois eterno é seu amor. Seon, rei dos amorreus: pois eterno é seu amor. Og, rei de Basã: pois eterno é seu amor. Deu como herança o país deles: pois eterno é seu amor. Como herança a seu servo, Israel: pois eterno é seu amor. Na nossa humilhação lembrou-se de nós: pois eterno é seu amor. Libertou-nos dos nossos inimigos: pois eterno é seu amor. Dá o alimento a todo ser vivo: pois eterno é seu amor. Louvai o Deus do céu: pois eterno é seu amor. (Sl 135)*

Não existe um livro da primeira Aliança onde não exista um caminho de santidade, mesmo nos livros que nos parecem mais negativos que positivos, pelas múltiplas guerras fratricidas em busca do poder. Deus escreve sua mensagem mesmo pelas linhas tortas da história humana. Especialmente os grandes profetas, de Isaías a Jeremias, de Ezequiel a Oseias, de Amós, que enfrenta os problemas sociais, aos livros da Sabedoria, aos Salmos em que a presença de Deus está viva na cotidianidade do povo em caminho, na busca da justiça e do bem-estar social. Um povo migrante, nômade, que possui um forte sentido de busca do infinito. Entre todos os grandes mestres de espiritualidade da primeira aliança, devemos destacar: Abraão, escolhido por Deus para se colocar em caminho para onde Deus lhe irá mostrar: "sai da tua terra e vai para onde o Senhor vai te conduzir!"

O outro personagem é Moisés, que é profeta da experiência de Deus e escolhido por Deus. A Antiga Aliança constitui para o católico o prelúdio do amor de Deus para a humanidade, que encontra sua plenitude na revelação e no envio de seu único Filho, Jesus Cristo. Outrora Deus falou a seu povo por meio dos profetas, hoje ele fala por intermédio de Jesus Cristo. Não é nossa intenção deter-nos sobre a espiritualidade da primeira aliança, é só um simples aceno, que cada um dos leitores pode verificar com busca e aprofundamentos pessoais.

Na história da espiritualidade não podemos esquecer a importância da primeira Aliança e o caminho que ela apresenta para todos: a constatação do pecado, da "cabeça dura, dura cerviz" do povo, a fidelidade de Deus e o chamado constante à conversão. Deus coloca o ser humano na frente do bem e do mal, e resposta à liberdade não é Deus que deve escolher, mas é o ser humano, que deverá decidir entre o bem e o mal.

Vê que eu hoje te proponho a vida e a felicidade, a morte e a desgraça. Se obedeceres aos preceitos do Senhor teu Deus, que hoje te prescrevo, amando ao Senhor teu Deus, seguindo seus caminhos e guardando seus mandamentos, suas leis e seus decretos, viverás e te multiplicarás, e o Senhor teu Deus te abençoará na terra em que vais entrar para possuí-la. Se, porém, o teu coração se desviar e não quiseres escutar, se te deixares arrastar para adorar e prestar culto a outros deuses, eu vos declaro hoje que certamente perecereis. Não vivereis muito tempo sobre a terra onde ides entrar, depois de atravessar o rio Jordão, para ocupá-la. Cito hoje o céu e a terra como testemunhas contra vós, de que vos propus a vida e a morte, a bênção e a maldição. Escolhe, pois, a vida, para que vivas, tu e teus descendentes, amando ao Senhor teu Deus, obedecendo à sua voz e apegando-te a ele – pois ele é tua vida e prolonga os teus dias –, a fim de que habites na terra que o Senhor jurou dar a teus pais, Abraão, Isaac e Jacó". (Dt 30,15-20)

4.1 A espiritualidade da Nova Aliança

O centro da nova Aliança é Jesus Cristo, Filho de Deus, nascido da virgem Maria por obra do Espírito Santo. "Tudo parte dele e tudo retorna a ele! Ele é o Alfa e Ômega, princípio e fim, Cristo ontem, hoje e sempre." A primeira Aliança o tem anunciado por meio dos profetas, e no tempo preestabelecido por Deus, apareceu no meio de nós, igual a nós, menos no pecado. O apóstolo Paulo, na carta aos Filipenses, apresenta-o em uma maneira única, transcrevendo provavelmente um canto presente na comunidade:

Se, portanto, existe algum conforto em Cristo, alguma consolação no amor, alguma comunhão no Espírito, alguma ternura e compaixão, completai a minha alegria, deixando-vos guiar pelos mesmos propósitos e pelo mesmo amor, em harmonia, buscando a unidade. Nada façais por ambição ou vanglória, mas, com humildade, cada um con-

sidere os outros como superiores a si e não cuide somente do que é seu, mas também do que é dos outros. Haja entre vós o mesmo sentir e pensar que no Cristo Jesus. Ele, existindo em forma divina, não se apegou ao ser igual a Deus, mas despojou-se, assumindo a forma de escravo e tornando-se semelhante ao ser humano. E encontrado em aspecto humano, humilhou-se, fazendo-se obediente até a morte – e morte de cruz! Por isso, Deus o exaltou acima de tudo e lhe deu o Nome que está acima de todo nome, para que, ao Nome de Jesus, todo joelho se dobre no céu, na terra e abaixo da terra, e toda língua confesse: "Jesus Cristo é o Senhor", para a glória de Deus Pai. Portanto, meus queridos, como sempre fostes obedientes, não só em minha presença, mas muito mais agora em minha ausência, realizai a vossa salvação, com temor e tremor. (Fl 2,1-12)

Nada de mais belo que contemplar, a partir do mistério e da visão que o evangelista João, em comunhão com o antigo e o novo, apresenta-nos o mistério da salvação:

No princípio era a Palavra, e a Palavra estava junto de Deus, e a Palavra era Deus. Ela existia, no princípio, junto de Deus. Tudo foi feito por meio dela, e sem ela nada foi feito de tudo o que existe. Nela estava a vida, e a vida era a luz dos homens. E a luz brilha nas trevas, e as trevas não conseguiram dominá-la. Veio um homem, enviado por Deus; seu nome era João. Ele veio como testemunha, a fim de dar testemunho da luz, para que todos pudessem crer, por meio dele. Não era ele a luz, mas veio para dar testemunho da luz. Esta era a luz verdadeira, que vindo ao mundo a todos ilumina. Ela estava no mundo, e o mundo foi feito por meio dela, mas o mundo não a reconheceu. Ela veio para o que era seu, mas os seus não a acolheram. A quantos, porém, a acolheram, deu-lhes poder de se tornarem filhos de Deus: são os que creem no seu nome. Esses foram gerados não do sangue, nem da vontade da carne, nem da vontade do homem, mas de Deus. E a Palavra se fez carne e veio morar entre nós. Nós vimos sua glória, glória que recebe do seu Pai como filho único, cheio de graça e de verdade. João dá testemunho dele e proclama: "Foi dele que eu disse: 'Aquele que vem depois de mim passou à minha frente, porque antes de mim ele já existia'". De sua plenitude todos nós recebemos, graça por graça. Pois a Lei foi dada por meio de Moisés, a graça e a verdade vieram por meio de Jesus Cristo. Ninguém jamais viu a Deus; o Filho único, que é Deus e está na intimidade do Pai, foi quem o deu a conhecer. (Jo 1,1-18)

Os melhores livros da espiritualidade da nova aliança são, sem dúvida, todos os escritos começando com os quatro evangelhos, que relatam a vida de Jesus, não em forma cronológica, mas seguindo o que Jesus fez, falou e realizou com seus milagres. Jesus, como nos relatam os Atos dos Apóstolos, "passou no meio de nós fazendo o bem". Nessas poucas palavras temos toda a biografia humana de Jesus, do Filho de Deus feito carne e que quis nos mostrar como podemos regenerar o coração humano.

4.2 O que encontramos na nova aliança?

Toda a vida deve ser "espiritual", não só um momento, mas sim a fonte de onde vai brotar nosso pensamento, nossa maneira de viver e de nos relacionar com Deus, com os irmãos e com nós mesmos. Hoje em dia, vivemos em uma sociedade que, de um lado busca uma vida de paz, de tranquilidade, mas desassociada de Deus, uma paz pela paz, e de outro lado rejeita o sobrenatural. Multiplicam-se os métodos de paz interior em todas as religiões, com as próprias técnicas, yoga, métodos orientais de pacificação, como o budismo, ou o xintoísmo, hinduísmo, que não exigem um relacionamento interpessoal com a divindade. O que distingue o cristianismo das outras religiões é que Deus, para nós, em sua manifestação trinitária, não é uma energia, nem um poder criador indefinido, mas uma pessoa que nos ama, busca-nos e entra em diálogo com cada pessoa que o busca com verdadeira sinceridade.

Nos livros do Novo Testamento encontramos:

1. UMA VISÃO POSITIVA DO SER HUMANO. O ser humano, o velho Adão, resgatado pelo novo Adão, Jesus Cristo, tem possiblidade de chegar à íntima união com Deus, cooperar com ele e se tornar "santo", que quer dizer ter uma vida de harmonia interior e exterior. Deve lutar contra o egoísmo e os frutos da carne, que não são anulados com o batismo, mas permanecem com suas tendências, especialmente verificar constantemente seu progresso de conversão, a partir de seu encontro pessoal com Jesus de Nazaré. É ele que fecha a primeira Aliança e abre o novo caminho. Nos Evangelhos encontramos os mesmos princípios anunciados pessoalmente por Jesus e relidos pela primeira Comunidade cristã, e constituem os quatro Evangelhos.

2. O NASCER DA PRIMEIRA COMUNIDADE. Lendo atentamente os livros da nova aliança, encontramos um lento nascer da visão teológica da comunidade apostólica, com seu "estilo de vida", com seus problemas, com seus conflitos e com momentos de extrema alegria em ver como o evangelho se espalha a partir de Jerusalém. O Pentecostes marca o início de uma nova página da história da Igreja nascente. Depois do medo e da dispersão dos Apóstolos, imediatamente depois da crucifixão de Jesus, a comunidade se vai reconstruindo e se reúne no cenáculo em comunhão e oração com a Virgem Maria. Maria, mãe de Jesus, não podia faltar para dar

vida ao corpo místico de Cristo, a Igreja. Foram necessários dois mil anos para que o papa Francisco instituísse a festa de Maria, mãe da Igreja, no dia depois do Pentecostes. Não se pode conhecer a Igreja sem uma contínua referencialidade aos livros do Novo Testamento.

3. UMA VIDA DE ORAÇÃO. O coração de nosso encontro com Deus é a oração. Tem-se escrito montanhas de livros sobre a oração de Jesus, como judeu, como rezava Jesus, seu estilo de oração... E outras montanhas de livros que em uma biblioteca grande não caberiam todos. No entanto a maneira melhor para nos convencer da importância da oração é o conhecimento das escrituras, onde encontramos a importância da oração como expressão de uma comunidade orante. Jesus reza e ensina a rezar, sua oração não é somente o Pai-nosso. Eu considero uma das mais belas orações de Jesus as "bem-aventuranças":

> *Vendo as multidões, Jesus subiu à montanha e sentou-se. Os discípulos aproximaram-se, e ele começou a ensinar: "Felizes os pobres no espírito, porque deles é o Reino dos Céus. Felizes os que choram, porque serão consolados. Felizes os mansos, porque receberão a terra em herança. Felizes os que têm fome e sede da justiça, porque serão saciados. Felizes os misericordiosos, porque alcançarão misericórdia. Felizes os puros de coração, porque verão a Deus. Felizes os que promovem a paz, porque serão chamados filhos de Deus. Felizes os perseguidos por causa da justiça, porque deles é o Reino dos Céus. Felizes sois vós, quando vos injuriarem e perseguirem e, mentindo, disserem todo mal contra vós por causa de mim. Alegrai-vos e exultai, porque é grande a vossa recompensa nos céus. Pois foi deste modo que perseguiram os profetas que vieram antes de vós.* (Mt 5,1-12)

É uma oração brotada no coração de Cristo, que olha com o olhar do Pai a realidade humana. E, em Mateus, colocada como um diamante:

Naquela ocasião, Jesus pronunciou estas palavras: "Eu te louvo, Pai, Senhor do céu e da terra, porque escondeste estas coisas aos sábios e entendidos e as revelaste aos pequeninos. Sim, Pai, assim foi do teu agrado. Tudo me foi entregue por meu Pai, e ninguém conhece o Filho, senão o Pai, e ninguém conhece o Pai, senão o Filho e aquele a quem o Filho o quiser revelar. Vinde a mim, todos vós que estais cansados e carregados de fardos, e eu vos darei descanso. Tomai sobre vós o meu jugo e sede discípulos meus, porque sou manso e humilde de coração, e encontrareis descanso para vós. Pois o meu jugo é suave e o meu fardo é leve". (Mt 11,25-29)

Não somente Jesus reza, mas também dedica um tempo à oração "fora da atividade apostólica", de dia trabalha e de noite ou nas madrugadas cheias de estrelas ele passa seu tempo em oração. Reza sua missão, apresenta ao Pai seus desejos, "que todos sejam salvos", insiste em sua missão: "eu vim não para ser servido, mas para servir!" Será em particular o evangelista Lucas a apresentar Jesus como o orante, que busca retirar-se em lugares solitários, não para fugir do mundo, mas para ser no mundo "luz, força".

4. A MISSÃO. Do evangelho, nasce a missão. É o mesmo Jesus que manifesta esse seu desejo, ou melhor seu mandamento missionário por meio de poucas palavras: "Ide, anunciai o evangelho a todas as criaturas, batizai-as em nome do Pai e do Filho e do Espírito Santo!"

Os onze discípulos voltaram à Galileia, à montanha que Jesus lhes tinha indicado. Quando o viram, prostraram-se; mas alguns tiveram dúvida. Jesus se aproximou deles e disse: "Foi-me dada toda a autoridade no céu e na terra. Ide, pois, fazer discípulos entre todas as nações, e batizai-os em nome do Pai, do Filho e do Espírito Santo. Ensinai-lhes a observar tudo o que vos tenho ordenado. Eis que estou convosco todos os dias, até o fim dos tempos". (Mt 28,16-20)

Uma missão pobre, mas rica. A força do missionário não está no poder, na riqueza, mas no Espírito Santo. E Jesus envia seus primeiros discípulos despojados de tudo e os convida a não levar nada, "nem duas túnicas, nem bolsa, nem sandália..." Uma pobreza extrema, que dá força à verdade do anúncio: a libertação do pecado, a vista aos cegos, a alegria aos tristes. É a mesma missão que ele tem recebido e que dá a seus discípulos.

> *Jesus voltou para a Galileia, com a força do Espírito, e sua fama se espalhou por toda a região. Ele ensinava nas sinagogas deles, e todos o elogiavam. Foi então a Nazaré, onde se tinha criado. Conforme seu costume, no dia de sábado, foi à sinagoga e levantou-se para fazer a leitura. Deram-lhe o livro do profeta Isaías. Abrindo o livro, encontrou o lugar onde está escrito: "O Espírito do Senhor está sobre mim, pois ele me ungiu, para anunciar a Boa-Nova aos pobres: enviou-me para proclamar a libertação aos presos e, aos cegos, a recuperação da vista; para dar liberdade aos oprimidos e proclamar um ano aceito da parte do Senhor". Depois, fechou o livro, entregou-o ao ajudante e sentou-se. Os olhos de todos, na sinagoga, estavam fixos nele. Então, começou a dizer-lhes: "Hoje se cumpriu esta passagem da Escritura que acabastes de ouvir". Todos testemunhavam a favor dele, maravilhados com as palavras cheias de graça que saíam de sua boca. (Lc 4,14-22a)*

As muitas obras resfriam o entusiasmo missionário e, muitas vezes, corre-se o risco de transformar os missionários, os evangelizadores em administradores de obras. A missão de Jesus, assimilada pelos primeiros apóstolos, converte-os e os faz sair do comodismo, colocando-os em marcha para os quatros continentes. O evangelho se torna um anúncio "em saída", de Jerusalém para o mundo então conhecido. Uma missão que vai assumindo a "universalidade" com a conversão de Saulo no caminho de Damasco, onde ele se tornará Paulo. Com Paulo é uma nova página da história que se abre para a humanidade e não só para a Igreja.

5. APAIXONADOS POR JESUS CRISTO. Uma particular atenção devemos dar aos Atos dos Apóstolos, chamados também como *V* Evangelho, por sua importância em nos oferecer os primeiros passos de uma Igreja "privada da presença do Cristo vivo, humano", que, depois de ter cumprido sua missão, voltou a sentar-se glorioso à direita do Pai. Passos difíceis e conflitivos, de tensões dentro da primeira comunidade, mas nos quais o bom senso e a força da unidade e da comunhão ao redor da Pessoa de Jesus evita fraturas. As divisões são sanadas pela mediação do Espírito Santo, pelo amor apaixonado que os primeiros discípulos têm pela pessoa de Jesus, o Salvador, que redime a humanidade, não a preço de ouro ou prata, mas sim com o sangue preciosíssimo de Jesus derramado na cruz. A missão não é feita de muitas palavras, mas de poucas palavras, que devem provocar a conversão dos corações e da vida. Aliás a conversão de três níveis: da mente, do coração e da vida.

6. OS DISCÍPULOS. Jesus sabe que para que sua obra possa continuar tem necessidade de seguidores fiéis a sua mensagem, continuadores após sua morte e ressurreição. Chama os Apóstolos entre pessoas do povo, conhecedores dos problemas da própria gente e sabedores dos desejos e anseios do povo. Esse sofre escravidões e é esmagado debaixo do peso do pecado e das leis inúteis dos fariseus, que oprimem com leis que os fariseus "não tocam nem com um dedo", e impõem

jugos pesados sobre os pobres e humildes de Israel. O círculo dos Apóstolos se amplia e chama discípulos e discípulas numerosas para que, fortalecidos pelos poderes que Cristo lhes confia de expulsar os demônios, curar os doentes, possam ser válida ajuda para a difusão do reino de Deus. Paulo, na carta aos Romanos, dará uma belíssima definição do reino de Deus: *Pois o Reino de Deus não é comida e bebida, mas é justiça e paz e alegria no Espírito Santo. Quem serve assim a Cristo, agrada a Deus e é estimado pelos homens. Portanto, busquemos tenazmente tudo o que contribui para a paz e a edificação de uns pelos outros (Rm 14,17-19).* Os discípulos acolhem a palavra, preparam a chegada de Jesus, e são fiéis em conservar a palavra recebida. Em todos os lugares onde Jesus passa deixa "discípulos", que formam grupos, pequenas comunidades, que são fiéis seguros do Messias. Não fixamos somente a atenção sobre a traição de Judas, mas provavelmente existiram entre os discípulos outros que não sentiram mais o desejo de seguir a Jesus e voltaram a seguir os velhos preceitos de então.

7. SEGUIMENTO DE CRISTO. Jesus chama, toma a iniciativa de escolher os que ele quer e como ele quer, e quando ele quer. Essa liberdade de escolha é a característica do novo Rabi. Não são os discípulos que escolhem o próprio mestre, mas é o mestre que os escolhe, depois de ter passado a noite em oração, desce do monte, com os doze.

> *Naqueles dias, Jesus foi à montanha para orar. Passou a noite toda em oração a Deus. Ao amanhecer, chamou os discípulos e escolheu doze entre eles, aos quais deu o nome de apóstolos: Simão, a quem chamou Pedro, e seu irmão André; Tiago e João; Filipe e Bartolomeu; Mateus*

e Tomé; Tiago, filho de Alfeu, e Simão, chamado zelote; Judas, filho de Tiago, e Judas Iscariotes, que se tornou o traidor. (Lc 6,12-16)

Não olha as características humanas, mas o interior, e escolhe entre os doze seu "traidor", Judas Iscariotes. Uma figura emblemática, que não deixa de suscitar interesse por parte dos estudiosos, quase uma tentativa de reabilitá-lo dentro do grupo. E de ver porque ele chegou a trair o mestre. Provavelmente, decepcionado pelas promessas do mesmo Jesus de que iria restaurar o reino de Israel, Judas não compreendeu o verdadeiro significado de reino... Ou uma falta de acolhida no grupo dos apóstolos, ou quem sabe por causa de uma verdadeira fome de poder, um sonho de rebelião contra os Romanos...? Fruto de uma fragilidade psicológica e espiritual do mesmo Judas? Os verdadeiros motivos da traição nunca saberemos. Os Apóstolos e a mesma Igreja resolvem com facilidade essa realidade da traição: "para que se cumprisse a vontade de Deus". Uma solução simplória em falta de outras, que satisfaz em parte as perguntas que surgem diante dessa traição, que teve como desfecho a morte de Cristo, mas também a ressurreição do Senhor, a vitória sobre a morte. Jesus se circunda não de pessoas sábias, ricas e fortes, mas de pessoas pobres, frágeis, pecadoras, que a seu chamado forte e monossilábico "vem e segue-me", abandonam tudo e o seguem na aventura da fé. Um grupo que o mesmo Jesus educa, repreende, purifica, em momentos em que entre eles surgem conflitos por causa de quem será o maior no novo reino, Mt 20, quando a mãe de João e de Tiago pede os primeiros lugares para seus filhos:

A mãe dos filhos de Zebedeu, com seus filhos, aproximou-se de Jesus e prostrou-se para lhe fazer um pedido. Ele perguntou: "Que queres?" Ela respondeu: "Manda que estes meus dois filhos se sentem, em teu Reino, um à tua direita e outro à tua esquerda". Jesus disse: "Não sabeis o que estais pedindo. Podeis beber o cálice que eu vou beber?" Eles responderam: "Podemos". "Sim", declarou Jesus, "do meu cálice bebereis, mas o sentar-se à minha direita e à minha esquerda não depende de mim. É para aqueles a quem meu Pai o preparou". Quando os outros dez ouviram isso, ficaram zangados com os dois irmãos. Jesus, porém, chamou-os e disse: "Sabeis que os chefes das nações as dominam e os grandes fazem sentir seu poder. Entre vós não deverá ser assim. Quem quiser ser o maior entre vós seja aquele que vos serve, e quem quiser ser o primeiro entre vós, seja vosso escravo. Pois o Filho do Homem não veio para ser servido, mas para servir e dar a vida em resgate por muitos". (Mt 20,20-28)

É empolgante seguir as exigências que Jesus faz para quem quiser segui-lo. Fundamentalmente, são duas:

1. Quem quiser ser meu discípulo tome sua cruz e me siga;
2. Quem ama pai e mãe mais do que a mim não pode ser meu discípulo.

O chamado de Jesus é simples, mas exige coragem e fé: "vem e segue-me". É uma resposta de adesão plena à vontade do mestre. É quem chama que faz o programa de vida e não o discípulo.

Jesus, no evangelho, em várias circunstâncias, detalha seu projeto não somente nas bem-aventuranças, mas também em outros momentos usa uma gradual pedagogia, do pouco ao muito. Não anuncia imediatamente a cruz, nem a morte, nem as dificuldades todas de uma só vez, mas lentamente, para que os apóstolos conquistados por seu amor saibam dizer sim a tudo o que o mestre anunciar;

No evangelho, podemos encontrar pontos essenciais do comportamento dos missionários, que são tocados pela realidade do tempo, Jesus usa uma imagem comum em Israel: "a messe é muita, mas os operários são poucos, rezai ao senhor da messe que envie operários a sua messe, para que ninguém se perca!"

Eis as ordens que Jesus dá aos missionários, que vão de cidade em cidade para preparar a vinda de Jesus, normas que são válidas também a nossos dias.

> *O Senhor escolheu outros setenta e dois e enviou-os, dois a dois, à sua frente, a toda cidade e lugar para onde ele mesmo devia ir. E dizia-lhes: "A colheita é grande, mas os trabalhadores são poucos. Pedi, pois, ao Senhor da colheita que mande trabalhadores para sua colheita. Eis que vos envio como cordeiros para o meio de lobos. Não leveis bolsa, nem sacola, nem sandálias, e não vos demoreis para saudar ninguém pelo caminho! Em qualquer casa em que entrardes, dizei primeiro: 'A paz esteja nesta casa!' Se ali morar um amigo da paz, a vossa paz repousará sobre ele; senão, ela retornará a vós. Permanecei naquela mesma casa; comei e bebei do que tiverem, porque o trabalhador tem direito a seu salário. Não passeis de casa em casa. Quando entrardes numa cidade e fordes bem recebidos, comei do que vos servirem, curai os doentes que nela houver e dizei: 'O Reino de Deus está próximo de vós'. Mas quando entrardes numa cidade e não fordes bem recebidos, saindo pelas ruas, dizei: 'Até a poeira de vossa cidade que se grudou aos nossos pés, sacudimos contra vós. No entanto, sabei que o Reino de Deus está próximo!' Eu vos digo: naquele dia, Sodoma receberá sentença menos dura do que aquela cidade.* (Lc 10,1-12)

Não fazer proselitismo, mas sim uma evangelização por "atração", pelo testemunho, pelo estilo de vida, que questiona os destinatários, o distanciamento do poder civil, a caridade com todos, a pobreza das coisas, a força do Espírito Santo que permite a cura e a expulsão do mal.

A Igreja tem sempre vivido a realidade do mistério e da incompreensão humana por seu anúncio da verdade e da justiça. Ao colocar-se, por vontade do mesmo Mestre, ao lado dos desacreditados, dos pobres e dos últimos, faz que a Igreja não seja compreendida em suas escolhas preferenciais e proféticas: anuncia e, ao mesmo tempo, denuncia as discrepâncias sociais, que criam um terreno fértil para a criminalidade. Os direitos humanos são uma realidade que deve ser respeitada e necessária para que o desnível social seja diminuído, o direito de ir e vir, a cultura, o bem-estar social, os recursos de necessidades básicas. Ninguém ama ser obrigado a ser "pedinte", mas cada um tem seu direito ao trabalho, à casa, a uma vida humana digna, para ser vivida na paz e na alegria pessoal e da família.

Uma espiritualidade integral, corpo e espírito, não contrários em seus desejos, e os dois devem ser satisfeitos e lutar para ter a possibilidade de construir o próprio futuro. Corpo e alma não combatem entre si, mas se completam e buscam, cada um, segundo sua capacidade, uma vida de plenitude: "eu vim para que tenham a vida e tenham em plenitude!"

Nestes últimos tempos, o magistério da Igreja tem orientado não mais a uma evangelização "proselitista", mas sim a uma evangelização martirial, testemunhal, não mais a uma apologética, mas sim a uma vivência pastoral, não mais para uma Igreja triunfalista, mas sim a uma Igreja serva e discípula, a uma Igreja em saída, que tenta penetrar com o próprio testemunho vivencial as várias culturas e colocar em evidência os lados positivos de humanização, presentes em todos os seres humanos.

Um novo jeito de ser Igreja, de caminhar junto na comunhão, na unidade e na missão. Uma Igreja sinodal que junto com seu povo caminha para novas "agorás", praças e novos areópagos, seja da cultura como das novas dimensões de uma antropologia itinerante.

5

JESUS DE NAZARÉ

JESUS é o nome que contém todos os nomes, diante do qual todos os joelhos se dobram, e prestam a própria adoração ao Pai, ao Filho e ao Espírito Santo. As melhores biografias da vida de Jesus não são aquelas que os homens podem escrever, embora sejam belas e cheias de novidade, mas são os quatros evangelhos, no qual nada tem que possa satisfazer nossa curiosidade humana. Uma biografia pobre de datas, acontecimentos; e rica de vida espiritual, na qual o mesmo Jesus se autoapresenta com os famosos "EU SOU... o bom pastor, o caminho, a verdade, a vida, a videira etc". Cada cristão deve buscar na oração e no silêncio o que mais lhe agrada em Jesus. Qual a característica de Cristo com a qual mais se identifica em sua vida cotidiana. Jesus, como diz o apóstolo Paulo, tem uma riqueza, uma profundidade, que não se pode esgotar, e São João da Cruz nos diz que Cristo é uma "mina inesgotável", cada um bebe dessa nascente de água viva, sem esgotá-la, mais se bebe e mais água jorra dentro de nós, rios de água viva, cuja nascente é o mesmo Jesus.

Toda a espiritualidade cristã tem como fundamento a pessoa de Jesus. Na doxologia da Eucaristia a Igreja canta proclamando: *Por Cristo, com Cristo, e em Cristo, a vós, Deus Pai todo-poderoso, na unidade do Espírito Santo, toda honra e toda glória, por todos os séculos dos séculos.* A espiritualidade não é uma doutrina, mas sim uma vida, é Jesus que doa a si mesmo por nossa salvação. As outras religiões podem até se inspirar no evangelho como livro de sabedoria, mas se não encontra a pessoa de Jesus, permanece uma ideologia e não uma vida. Para o Cristianismo, Jesus se faz carne, sangue, para nos transformar nele. Sirva como exemplo para uma visão cristã da vida de Jesus o capítulo 6 de João.

> *Depois disso, Jesus foi para o outro lado do mar da Galileia, ou seja, de Tiberíades. Uma grande multidão o seguia, vendo os sinais que ele fazia a favor dos doentes. Jesus subiu a montanha e sentou-se lá com seus discípulos. Estava próxima a Páscoa, a festa dos judeus. Levantando os olhos e vendo uma grande multidão que vinha a ele, Jesus disse a Filipe: "Onde vamos comprar pão para que estes possam comer?" Disse isso para testar Filipe, pois ele sabia muito bem o que ia fazer. Filipe respondeu: "Nem duzentos denários de pão bastariam para dar um pouquinho a cada um". Um dos discípulos, André, irmão de Simão Pedro, disse: "Está aqui um menino com cinco pães de cevada e dois peixes. Mas, que é isso para tanta gente?" Jesus disse: "Fazei as pessoas se sentarem". Naquele lugar havia muita relva, e lá se sentaram os homens em número de aproximadamente cinco mil. Jesus tomou os pães, deu graças e distribuiu aos que estavam sentados, tanto quanto queriam. E fez o mesmo com os peixes. Depois que se fartaram, disse aos discípulos: "Juntai os pedaços que sobraram, para que nada se perca!" Eles juntaram e encheram doze cestos com os pedaços que sobraram dos cinco pães de cevada que comeram. À vista do sinal que Jesus tinha realizado, as pessoas exclamavam: "Este é verdadeiramente o profeta, aquele que deve vir ao mundo". Quando Jesus percebeu que queriam levá-lo para proclamá-lo rei, novamente se retirou sozinho para a montanha. (Convidamos o leitor a tomar sua Bíblia e ler todo o texto em Jo 6, 1-71.)*

Permanecei em meu amor

A verdadeira espiritualidade, que é "seguimento de Jesus", ir atrás dele, imitá-lo, viver com ele e por ele, exige um seguimento incondicional, em tudo e em todos os momentos. Não é o discípulo quem escolhe seguir o Mestre, mas o Mestre é que o chama. Os apóstolos foram chamados quando eles estavam atentos no próprio trabalho. Pedro, André, João e Tiago estavam na barca pescando... e Mateus estava sentado no banco dos impostos, em seu trabalho. E, ao chamado de Jesus, todos se levantaram e "imediatamente, abandonando tudo, seguiram Jesus". É a conversão por atração que Jesus exercia sobre seus discípulos.

A Jesus não interessa tanto o que povo pensa dele, quanto o que eles, os apóstolos, pensam de Jesus. É a eles que põe a pergunta: "para vocês, quem sou eu? E Pedro responde em nome de todos, e todos assumem a resposta de Jesus.

> *"Simão Pedro respondeu: "Tu és o Cristo, o Filho do Deus vivo". Jesus então declarou: "Feliz és tu, Simão, filho de Jonas, porque não foi carne e sangue quem te revelou isso, mas o meu Pai que está no céu. Por isso, eu te digo: tu és Pedro, e sobre esta pedra edificarei a minha Igreja, e as forças do Inferno não poderão vencê-la. Eu te darei as chaves do Reino dos Céus: tudo o que ligares na terra será ligado nos céus, e tudo o que desligares na terra será desligado nos céus".* (Mt 16,16-19)

Seguir Jesus é viver como ele, nele e por ele. E Jesus sintetiza essa comunhão com seus discípulos com as palavras: "permanecei em mim como eu permaneço no Pai"! Quer dizer, viver minha vida de comunhão e de assimilação com o mesmo Jesus. Compreende-se que Paulo chegue a dizer "não sou mais eu que vivo, mas Cristo que vive em mim!" Esse ideal que é desejado por todos os que seguem Cristo, e que são inseridos na vida de Cristo pelo batismo, pela Eucaristia e pelo perdão dos pecados.

> *"Eu sou a videira verdadeira e meu Pai é o agricultor. Todo ramo que não dá fruto em mim, ele corta; e todo ramo que dá fruto, ele limpa, para que dê mais fruto ainda. Vós já estais limpos por causa da palavra que vos falei. Permanecei em mim, e eu permanecerei em vós. Como o ramo não pode dar fruto por si mesmo, se não permanecer na videira, assim também vós não podereis dar fruto se não permanecerdes em mim. Eu sou a videira e vós, os ramos. Aquele que permanece em mim, como eu nele, esse dá muito fruto; pois sem mim, nada podeis fazer. Quem não permanecer em mim será lançado fora, como um ramo, e secará. Tais ramos são apanhados, lançados ao fogo e queimados. Se permanecerdes em mim, e minhas palavras permanecerem em vós, pedi o que quiserdes, e vos será dado. Nisto meu Pai é glorificado: que deis muito fruto e vos torneis meus discípulos. Como meu Pai me ama, assim também eu vos amo. Permanecei em meu amor. Se observardes meus mandamentos, permanecereis em meu amor, assim como eu observei o que mandou meu Pai e permaneço em seu amor. (Jo 15,1-10)*

Parece-me suficiente o que temos escrito para compreender que a espiritualidade "cristã" parte do Cristo e volta ao Cristo, alfa e ômega. Tudo foi feito por ele e nada sem ele. Trata-se de abrir-se ao evangelho, conhecê-lo para vivê-lo e não como "cultura" de uma ideologia líquida, que perde seu valor no relativismo. O evangelho não admite o relativismo, porque se segue não uma ideia, mas sim uma Pessoa concreta, o Verbo eterno, que se fez carne e viveu ele mesmo o que depois verbalizou.

O evangelho não é uma doutrina, é vida: "eu sou a vida, o caminho, a verdade!" Evidentemente, para compreender melhor a missão de Jesus, devemos ler e meditar todos os escritos do Novo Testamento, onde nós encontramos uma vivência que nasce do aprofundamento da mensagem e do encontro pessoal com Jesus de Nazaré.

Entre todos, de modo especial, o Apóstolo Paulo, que teve uma profunda conversão na via de Damasco, onde cego pela luz de Deus, começou a ver Jesus com os olhos da fé. Suas cartas constituem os fundamentos de toda a reflexão teológica e espiritual posterior, para sempre. Particular destaque devemos dar às cartas de Pedro, de João e de Tiago, três Apóstolos que conheceram e conviveram com Jesus desde o primeiro momento do chamado até a ressurreição. Uma fidelidade que será consagrada pelo martírio, seja de Pedro e Tiago. E João várias vezes sofreu perseguição, mesmo que não pareça que tenha morrido mártir, mas que chegou à venerável idade de mais de 100 anos.

6

VALORES ESPIRITUAIS: COMUNIDADE CRISTÃ

Depois da morte de Jesus no Calvário, os apóstolos e os discípulos se dispersaram, ou melhor, esconderam-se, por medo dos judeus. Mas o Senhor ressuscitado devolveu a todos a esperança, que estava iniciando uma nova página da história, um novo caminho, que era seguir mais de perto os ensinamentos do Senhor Jesus. Todos eles, como nos conta os Atos dos Apóstolos, depois da primeira desorientação, tentaram se reunir em um lugar chamado "cenáculo", que talvez não seja a sala do andar superior onde se celebrou a última ceia. Provavelmente um lugar mais amplo e mais seguro, para evitar a perseguição dos judeus, decididos a exterminar todos os seguidores de Jesus nazareno. O Senhor Jesus, depois de sua ressurreição, conviveu quarenta dias com os apóstolos para dar a eles os últimos conselhos, antes que recebessem o Espírito Santo. E os quatro evangelistas foram concordes em dizer-nos que ele apareceu a vários em diferentes circunstâncias. Antes de tudo, as primeiras pessoas a quem Jesus apareceu foram as mulheres, a Maria Madalena, a primeira que, quando ainda estava escuro, foi ao sepulcro.

> *Depois do sábado, ao raiar o primeiro dia da semana, Maria Madalena e a outra Maria foram ver o sepulcro. De repente, houve um grande terremoto: o anjo do Senhor desceu do céu e, aproximando-se, removeu*

a pedra e sentou-se nela. Sua aparência era como um relâmpago, e suas vestes, brancas como a neve. Os guardas ficaram com tanto medo do anjo que tremeram e ficaram como mortos. Então o anjo falou às mulheres: "Vós não precisais ter medo! Sei que procurais Jesus, que foi crucificado. Ele não está aqui! Ressuscitou, como havia dito! Vinde ver o lugar em que ele estava. Ide depressa contar aos discípulos: 'Ele ressuscitou dos mortos e vai à vossa frente para a Galileia. Lá o vereis'. É o que tenho a vos dizer". E saindo às pressas do túmulo, com sentimentos de temor e de grande alegria, correram para dar a notícia aos discípulos. Nisso, o próprio Jesus veio-lhes ao encontro e disse: "Alegrai-vos!" Elas se aproximaram e abraçaram seus pés, em adoração. Jesus lhes disse: "Não tenhais medo; ide anunciar a meus irmãos que vão para a Galileia. Lá me verão". (Mt 28,1-10; cf. Lc 24,1-12; Jo 20,11-18)

Eu vi o Senhor, eis o que me disse...

A primeira testemunha qualificada pelo mesmo Espírito Santo que viu Jesus ressuscitado foi uma mulher. Isso é extremamente significativo. Jesus continua a escolher as pessoas que "nós menos esperaríamos" para que deem testemunho de sua obra e da sua ressurreição. Estamos em um tempo em que o testemunho da mulher nada vale, e, no entanto, Jesus revira a situação social e aparece a Maria Madalena, que não tinha nem a credibilidade dos apóstolos, dela, de fato, Jesus tinha expulsado sete demônios. Maria Madalena vê Jesus ressuscitado e recebe dele a missão de ir anunciar aos discípulos, que devem ir à Galileia e lá o verão. O retorno à Galileia é significativo, pelo fato de que tudo recomeça lá onde tinha começado a primeira vez. O primeiro amor por Jesus, o seguimento imediato as suas palavras: "segue-me!..." e tendo abandonado tudo o seguiram. O seguimento de Jesus pós-ressurreição é mais marcante, é um seguimento pela fé, não mais físico, mas um seguimento de amor e pela fé total.

Passaram-se os dias da ressurreição de Jesus, é o tempo do pentecostes, o tempo da festa. O povo chega em massa a Jerusalém de todos os lugares, para celebrar a festa do pentecostes. Também os apóstolos estão reunidos no cenáculo.

> *Então os apóstolos deixaram o monte das Oliveiras e voltaram para Jerusalém, à distância que se pode andar num dia de sábado. Entraram na cidade e subiram para a sala de cima onde costumavam ficar. Eram Pedro e João, Tiago e André, Filipe e Tomé, Bartolomeu e Mateus, Tiago, filho de Alfeu, Simão Zelota e Judas, filho de Tiago. Todos eles perseveravam na oração em comum, junto com algumas mulheres – entre elas, Maria, mãe de Jesus – e com os irmãos dele.* (At 1,12-14)

O ponto de encontro, de comunhão e de unidade depois da morte e ressurreição de Jesus é a Virgem Maria, mãe de Jesus. Ela, como mãe da Igreja, e que forma misticamente o corpo da mesma comunidade, tem a força e o poder de manter unidos os apóstolos, discípulos e as discípulas, ainda temerosos dos judeus. Maria não é um apêndice na vida da comunidade eclesial, é parte integrante, central, que sabe com seu amor manter, conservar a unidade dos Apóstolos ao redor do Senhor Jesus. Ela que tem dado o corpo humano ao Verbo eterno, ela que tem recebido debaixo da cruz o corpo morto de seu Filho Jesus, não podia faltar no início da vida da Igreja, em seu nascer para dar forma concreta ao Corpo místico da Igreja, cuja cabeça permanece Jesus ressuscitado. É na primeira comunidade cristã, que já se celebra a Eucaristia, já se canta ao ressuscitado e "unidos na oração" se espera a vinda do Espírito Santo. A promessa de Jesus se realiza na plenitude. Ele "enviará o Espírito prometido, o Espírito de sabedoria, de coragem, de fortaleza", que vai permitir aos apóstolos assumirem uma nova maneira de viver, de ser uma comunidade “em saída”, de deixar o medo e aparecer em público diante de milhares de fiéis, vindos de todas as partes e realizar o primeiro Kerigma.

> *Pedro, de pé, junto com os onze apóstolos, levantou a voz e falou à multidão: “Homens da Judeia e todos vós, que residis em Jerusalém, seja do vosso conhecimento o que vou dizer. Escutai-me com toda a atenção. Estes aqui não estão embriagados, como podeis pensar, pois estamos ainda em plena manhã. Está acontecendo o que foi anunciado pelo profeta Joel: ‘Nos últimos dias, diz o Senhor, derramarei do meu Espírito sobre toda carne, e vossos filhos e filhas profetizarão, os vossos jovens terão visões e os vossos anciãos terão sonhos; mesmo sobre os meus escravos e escravas derramarei do meu Espírito, naqueles dias, e profetizarão. (Convidamos o leitor a tomar sua Bíblia e ler todo o texto em At 2,14-36.)*

Solidariedade

A comunidade cristã se manifesta imediatamente uma comunidade solidária com os pobres, com as pessoas que vivem à margem. É uma comunidade sinodal, caminham juntos no seguimento de Jesus. Em At 2,42-47 já temos as características da primeira comunidade.

> *Eles eram perseverantes em ouvir o ensinamento dos apóstolos, na comunhão fraterna, na fração do pão e nas orações. Apossava-se de todos o temor, e pelos apóstolos realizavam-se numerosos prodígios e sinais. Todos os que abraçavam a fé viviam unidos e possuíam tudo em comum; vendiam suas propriedades e seus bens e repartiam o dinheiro entre todos, conforme a necessidade de cada um. Perseverantes e bem unidos, frequentavam diariamente o templo, partiam o pão pelas casas e tomavam a refeição com alegria e simplicidade de coração. Louvavam a Deus e eram estimados por todo o povo. E, cada dia, o Senhor acrescentava a seu número mais pessoas que eram salvas.*

Uma comunidade reunida ao redor da palavra de Cristo, na fração do pão que é a celebração da Eucaristia, na oração comum, e colocavam todas as coisas em comum, não havia pobres, e o número dia a dia ia crescendo. Uma comunidade que se torna por si mesma evangelizadora, e capaz de ser atração e não proselitismo no meio dos pagãos. Todos os que escutaram o discurso de Pedro, cada um o escutava em sua própria língua. Embora ainda hoje se discuta sobre este carisma da "glossolalia", há concordância entre os estudiosos que se trata de um autêntico milagre por parte do Senhor. O número dos primeiros convertidos, mais de três mil, mostra o impacto do discurso de Pedro sobre o povo. Provavelmente, esse número não corresponde à realidade numérica, significa somente uma grande multidão que aderiu à fé em Jesus ressuscitado. O que une a comunidade dos primeiros cristãos é o amor.

Amor

O anúncio de Jesus durante sua vida pública, transmitido pelos evangelistas, é essencialmente baseado sobre o AMOR. Esse dom de Deus, que se pode explicitar somente por meio da gratuidade, um amor gratuito, o amor ágape, que ama pela simples alegria de amar. Jesus repete a palavra amor seja implícita ou explicitamente em todos os seus discursos, que não podemos compreender a não ser na harmonia do amor. O amor bíblico, em suas três vertentes, amor a Deus, amor ao próximo e amor a si mesmo, todos esses três amores são verdadeiros quando nascem do esquecimento de si mesmos e se tornam dom de nós mesmos a Deus, aos outros e a nós mesmos. Não é um amor egoístico, autorreferencial, nem um amor de busca dos próprios interesses. Esse amor gratuito quer ser depois desenvolvido pelo apóstolo Paulo, especialmente no hino da caridade 1Cor

13. Um amor que não visa fazer propaganda de si mesmo, mas que compreende que todos os dons recebidos por Deus não são em benefício da pessoa que os possui, mas sim dos outros.

Precisamos vigiar sobre nós mesmos para que não façamos dos dons recebidos de Deus um dom para nos autopromover, ou para adquirir consentimento do povo, ou pior, para aproveitar da ignorância e fragilidade da fé do povo. O amor que nos leva ao dom de nós mesmos e ao despojamento de tudo que é verdadeiro na medida que é sincero e transparente. Temos, nos Atos dos Apóstolos, uma generosidade "corrompida", aquela de Ananias e Safira, que queriam se mostrar generosos, seguindo o exemplo dos outros, mas não deram todo o preço do campo vendido, e os dois, como sinal do desagrado de Deus, morreram por esta falsidade. A caridade na transparência, na coerência entre palavras e ações é fundamental na vida do cristão.

Kerigma

O primeiro anúncio, o *kerigma*, é breve, sintético, sem muitas palavras, que normalmente esquecemos: encarnação, paixão, morte e ressurreição de nosso Senhor Jesus Cristo. Pedro, na manhã da ressurreição, anuncia fundamentalmente essas quatro verdades, e vai repetindo isso com coragem diante de todos os que estão reunidos. Não faz teologia, nem reflexões particulares sobre a realidade da identidade de Jesus. Não tem necessidade, para quem crê, de mais explicações que podem complicar ou confundir o mesmo anúncio. Lentamente tem-se percebido a necessidade de explicar o *Kerigma*, e desenvolver seu conteúdo, mas muitas vezes a explicação inadequada, no lugar de clarificar o *kerigma*, o tem tornado mais nebuloso, gerando confusão nos mesmos fiéis. Temos períodos na história da Igreja que não têm ajudado na compreensão do *kerigma*, das verdades fundamentais da fé, como o iluminismo, na Idade Média o modernismo e pós-modernismo. A mesma Igreja pós-conciliar, com o papa São João Paulo II, sentiu a necessidade de elaborar o Catecismo da Igreja, que é um autêntico manual de teologia, e o papa Bento XVI, com sua análise e capacidade de síntese, deu-nos o Compêndio do Catecismo, um manual de pergunta e resposta, que nem sempre torna a verdade clara para o leitor. Todavia, cada um de nós, se quiser crescer em sua compreensão do mistério de sua mesma inserção em Cristo Jesus, deve fazer um caminho de fidelidade e de vivência da mesma fé.

Oração

O mesmo Catecismo da Igreja Católica coloca o tratado da oração no fim, a quarta parte, e pode parecer estranho, mas na verdade não é. Creio-celebro-vivo-rezo em todos os livros do Antigo Testamento, como do Novo, a oração é o rio subterrâneo e a flor da terra que vai fecundando toda a vida do povo de Israel. Desde o início, no Gênesis, aparece claro que o Deus da bíblia é um Deus pessoal, não um ídolo morto e sem vida, que cria e entra em comunhão com suas criaturas. Aliás, Deus cria o ser humano a sua "imagem e semelhança", dialoga com ele, repreende-o, orienta e promete-lhe imediatamente a redenção de seu pecado de desobediência, escutando a voz do diabo por meio de sua companheira Eva. A oração é uma fonte de vida, um diálogo permanente com o Criador, é um cântico de louvor e de bênção. Nada impede o ser humano de comunicar-se com Deus, embora essa comunicação vá se purificando lentamente através dos séculos, até chegar à plenitude com Jesus, o Filho de Deus, que nos oferece como presente sua oração com o Pai, nas noites estreladas da Galileia, no silêncio do deserto depois de um dia de extremo trabalho de anúncio da Boa-Nova e de cura para as pessoas que, esmagadas pelo sofrimento físico e moral, a ele recorrem.

Podemos dizer que o evangelho é o melhor livro para aprendermos a rezar. É o caminho que nos é oferecido para chegarmos à intimidade com o Pai: "eu e o Pai somos uma coisa só!" (Jo 17). Ou "permanecei em meu amor como eu permaneço no Pai!" (Jo 15). E "tudo o que você pedir ao Pai em meu nome ele vo-lo dará" (Jo 16,23). Muitos são os modelos de oração que encontramos na escritura. Os profetas são todos homens inflamados do amor de Deus, são orantes que mergulham no mistério do silêncio e da palavra de Deus e nos transmitem, com um fogo de amor, o que Deus lhes revela na oração, como Moisés, Isaías. Tenho um amor especial para com o profeta Elias, por sua coragem e por seu medo, por sua violência para reprimir a idolatria e por sua ternura. Ele mesmo foge diante do perigo e se refugia no deserto, e no deserto, desamparado, Deus o acorda para que ele retome seu caminho para a montanha do Horeb, na busca de Deus. O encontro com o Senhor mudará o caminho e a vida do profeta Elias. Ler e meditar a epopeia do livro dos Reis (1Rs 17-19) nos anima em nossa caminhada na busca do Deus absolutamente outro, mas também o outro que entra em comunhão conosco.

O profeta Elias, o tesbita, oriundo de Tesbi de Galaad, anunciou a Acab: "Juro pela vida do Senhor, Deus de Israel, a quem sirvo: nestes anos não haverá nem orvalho nem chuva, senão quando eu disser!" E a palavra do Senhor veio a Elias, dizendo: "Parte daqui e toma a direção do oriente.

Vai esconder-te junto à torrente de Carit, a leste do Jordão. Lá beberás da torrente, e eu ordenei aos corvos que lá te deem alimento". Elias partiu e fez como o Senhor lhe tinha ordenado. Foi morar junto à torrente de Carit, a leste do Jordão. Os corvos traziam-lhe pão e carne, tanto de manhã como de tarde, e ele bebia da torrente. Passados alguns dias, porém, a torrente secou, pois não chovia mais na região. Em Sarepta, o milagre da farinha e do óleo. Depois, a palavra do Senhor veio a ele, dizendo: "Põe-te a caminho, vai para Sarepta, na Sidônia, e fica morando ali, pois ordenei a uma viúva desse lugar que te dê sustento." (Convidamos o leitor a tomar sua Bíblia e ler todo o texto em 1Rs 17-19.)

Elias e Abdias, servo de Acab

Passou-se muito tempo. No terceiro ano, a palavra do Senhor veio a Elias, dizendo: "Apresenta-te a Acab, que eu vou mandar chuva sobre a terra". E Elias foi apresentar-se a Acab. Era grande a fome em Samaria. Acab chamou Abdias, o administrador de sua casa. Abdias era um fervoroso temente do Senhor. Quando Jezabel matara os profetas do Senhor, ele tinha acolhido cem profetas para escondê-los em cavernas, em grupos de cinquenta, sustentando-os com água e pão. Disse Acab a Abdias: "Vai pelo país a todas as fontes de água e a todas as torrentes, para ver se talvez encontremos pasto para salvar os cavalos e as mulas, sem precisar matar nenhum dos jumentos". Dividiram entre si as regiões para percorrê-las. Acab ia por um caminho e Abdias por outro. (Convidamos o leitor a tomar sua Bíblia e ler todo o texto em 1Rs 17-19.)

O sacrifício no monte Carmelo

Acab convocou todos os israelitas e reuniu os profetas no monte Carmelo. Então Elias, aproximando-se de todo o povo, disse: "Até quando andareis mancando de um lado e de outro? Se o Senhor é o verdadeiro Deus, segui-o; mas, se é Baal, segui a ele". O povo não respondeu uma palavra. Então Elias disse ao povo: "Eu sou o único profeta do Senhor que resta, ao passo que os profetas de Baal são quatrocentos e cinquenta. Que nos deem dois novilhos. Eles escolham um novilho e, depois de cortá-lo em pedaços, o coloquem sobre a lenha, sem pôr fogo por baixo. Eu prepararei depois o outro novilho e o colocarei sobre a lenha, e tampouco lhe porei fogo. Em seguida, invocareis o nome de vosso deus e eu invocarei o nome do Senhor. O deus que ouvir, enviando fogo, esse é o Deus verdadeiro". Todo o povo respondeu, dizendo:

"Ótima proposta!" Elias disse então aos profetas de Baal: "Escolhei um novilho e começai, pois sois maioria. E invocai o nome de vosso deus, mas não acendais o fogo". (Convidamos o leitor a tomar sua Bíblia e ler todo o texto em 1Rs 17-19.)

Elias a caminho do Horeb

Acab contou a Jezabel tudo que Elias tinha feito e como tinha passado ao fio da espada todos os profetas de Baal. Então Jezabel mandou um mensageiro a Elias para lhe dizer: "Os deuses me cumulem de castigos, se amanhã, a esta hora, eu não tiver feito contigo o mesmo que fizeste com a vida desses profetas". Elias ficou com medo e, para salvar sua vida, partiu. Chegou a Bersabeia de Judá e ali deixou seu servo. Depois, adentrou o deserto e caminhou o dia todo. Sentou-se, finalmente, debaixo de um junípero e pediu para si a morte, dizendo: "Agora basta, Senhor! Tira a minha vida, pois não sou melhor que meus pais". E, deitando-se no chão, adormeceu à sombra do junípero. De repente, um anjo tocou-o e disse: "Levanta-te e come!" Ele abriu os olhos e viu junto à sua cabeça um pão assado na pedra e um jarro de água. Comeu, bebeu e tornou a dormir. Mas o anjo do Senhor veio pela segunda vez, tocou-o e disse: "Levanta-te e come! Ainda tens um caminho longo a percorrer". Elias levantou-se, comeu e bebeu, e, com a força desse alimento, andou quarenta dias e quarenta noites, até chegar ao Horeb, o monte de Deus.

A manifestação de Deus

Chegando ali, entrou numa gruta, onde passou a noite. Então a palavra do Senhor veio a ele, dizendo: "Que fazes aqui, Elias?" Ele respondeu: "Estou ardendo de zelo pelo Senhor, Deus dos exércitos, porque os israelitas abandonaram tua aliança, demoliram teus altares, mataram à espada teus profetas. Só eu escapei; mas agora querem matar-me também". O Senhor disse-lhe: "Sai e permanece sobre o monte diante do Senhor". Então o Senhor passou. Antes do Senhor, porém, veio um vento impetuoso e forte, que desfazia as montanhas e quebrava os rochedos, mas o Senhor não estava no vento. Depois do vento houve um terremoto, mas o Senhor não estava no terremoto. Passado o terremoto, veio um fogo, mas o Senhor não estava no fogo. E depois do fogo ouviu-se o murmúrio de uma leve brisa. Ouvindo isso, Elias cobriu o rosto com o manto, saiu e pôs-se à entrada da gruta. Ouviu, então, uma voz que dizia: "Que fazes aqui, Elias?" Ele respondeu: "Estou ardendo de zelo pelo Senhor, Deus dos exércitos, porque os israelitas aban-

donaram tua aliança, demoliram teus altares e mataram à espada teus profetas. Só eu escapei. Mas, agora, querem matar-me também". (Convidamos o leitor a tomar sua Bíblia e ler todo o texto em 1Rs 17-19.)

Vocação de Eliseu

Elias partiu dali e encontrou Eliseu, filho de Safat, lavrando a terra com doze juntas de bois; ele mesmo conduzia a última. Ao passar perto de Eliseu, Elias lançou sobre ele o seu manto. Então Eliseu deixou os bois e correu atrás de Elias, dizendo: "Deixa-me primeiro ir beijar meu pai e minha mãe, depois te seguirei". Elias respondeu: "Vai e volta! Lembra o que te fiz". Ele retirou-se, tomou a junta de bois e os imolou. Com a madeira do arado e da canga assou a carne e deu de comer à sua gente. Depois levantou-se, seguiu Elias e pôs-se ao seu serviço. (Convidamos o leitor a tomar sua Bíblia e ler todo o texto em 1Rs 17-19.)

Sem dúvida o livro por excelência do Antigo Testamento da oração do povo são os salmos, líricas orantes, poemas que pingam alegria e sofrimento, vida e morte. O salmista sabe unir sua fé no Deus vivo, e seus sofrimentos, Deus que às vezes parece "surdo e mudo", mas que na realidade sempre é atento às necessidades do ser humano. Deus não abandona nunca o ser humano, a si mesmo, e aos inimigos. Quem é inimigo do ser humano é inimigo de Deus e vice-versa. Um encontro tecido de amor e de ternura. O ser humano "buscador" do rosto de Deus, mas quando espera e pensa de tê-lo encontrado, Deus se afasta, ou melhor, esconde-se ainda mais para que possamos continuar a buscá-lo. João da Cruz sintetiza essa ânsia de Deus na poesia do Cântico Espiritual, na primeira estrofe

Onde é que te escondeste,
Amado, e me deixaste com gemido?
Como o cervo fugiste,
Havendome ferido;
Saí, por ti clamando, e eras já ido.

Buscar o rosto de Deus, imagem querida, amada pelos profetas, um rosto que, embora permaneça sempre o mesmo, é difícil defini-lo. Mas será definido na encarnação do Filho de Deus: "quem me vê, vê o Pai", dirá Jesus a Filipe, que pede que lhe mostre o Pai.

> *Filipe disse: "Senhor, mostra-nos o Pai, isso nos basta". Jesus respondeu: "Filipe, há tanto tempo estou convosco, e não me conheces? Quem me viu, tem visto o Pai. Como é que tu dizes: 'Mostra-nos o Pai'? Não acreditas que eu estou no Pai e que o Pai está em mim? (Jo 14,8-10a)*

A oração não é rito. Não são celebrações exteriores, mas é sobretudo diálogo de amor, estar em sua presença, mesmo em silêncio, para revelar todo o nosso amor. As palavras são a pior maneira de nossa comunicação, seja entre nós, seja entre nós e Deus. Quando não conseguimos comunicar o que se passa no mais íntimo de nosso coração, resta-nos o silêncio, que é capaz de comunicar o incomunicável, o inefável, o mistério indizível, que se esconde sempre dentro de nós.

O mundo de hoje, frenético, desejoso de palavras, que diz, que explica, encontra-se na encruzilhada de não se entender a si mesmo. Há a necessidade de voltar ao silêncio como expressão do que não pode ser expresso adequadamente.

A oração mais do que palavras é silêncio. Mais do que falar é tempo de escuta, e a verdadeira escuta não precisa de palavras, mas de amor. Nada pode substituir a fidelidade de estar presente ao Senhor, como Elias na gruta, e quando o Senhor lhe pergunta: "o que estás fazendo aqui Elias?" A resposta que ele dá é a única que pode dar o homem e a mulher apaixonados por Deus: "estou ardendo pelo amor do Deus vivo dos exércitos, em cuja presença eu me encontro!"

Viver a presença do Deus vivo constitui o ideal de todo profeta, do mesmo Jesus e de todos os que se decidem seguir os passos de Jesus.

7

O PRIMEIRO LIVRO DE HISTÓRIA DA IGREJA

Podemos considerar os Atos dos Apóstolos o primeiro livro de história da Igreja. Escrito pelo evangelista Lucas ao redor dos anos 80-90, mas tem quem pensa que devemos datar esse livro nos anos 60-70. É um livro precioso, que nos narra com poucas palavras, mas acertadas, a história da comunidade logo depois da ascensão de Jesus, a vinda do Espírito Santo no Pentecostes, o início da missão dos apóstolos, em que cada um pega seu lugar para anunciar o evangelho, o Kerigma: encarnação-Paixão-morte e ressurreição de nosso Senhor Jesus Cristo. Uma comunidade no início medrosa, mas que diante dos sinais que o Espírito Santo opera, cura dos doentes, ressurreição dos mortos, expulsão dos demônios, falar em línguas, abrem-se novos caminhos. Nesse livro podemos encontrar a estrutura primitiva humana-espiritual-mística da primeira comunidade. Só lendo o cap. 2,42-47 se vê como o embrião da comunidade vai lentamente se desenvolvendo e ao mesmo tempo que contemplamos as maravilhas de Deus, notamos também os inevitáveis conflitos de personalidades diferentes. A tendência de um lado "tradicionalista" de Pedro e Tiago e a orientação progressista de Paulo e de Lucas, que é seu amigo fiel, como ele dirá em suas cartas.

Eles eram perseverantes em ouvir o ensinamento dos apóstolos, na comunhão fraterna, na fração do pão e nas orações. Apossava-se de todos o temor, e pelos apóstolos realizavam-se numerosos prodígios e sinais. Todos os que abraçavam a fé viviam unidos e possuíam tudo em comum; vendiam suas propriedades e seus bens e repartiam o dinheiro entre todos, conforme a necessidade de cada um. Perseverantes e bem unidos, frequentavam diariamente o templo, partiam o pão pelas casas e tomavam a refeição com alegria e simplicidade de coração. Louvavam a Deus e eram estimados por todo o povo. E, cada dia, o Senhor acrescentava a seu número mais pessoas que eram salvas.

Lucas acompanha Paulo em suas viagens missionárias, até em Roma, onde Paulo, realizando seu ideal de pregar Jesus de Nazaré na "caput mundi", e aí, em prisão domiciliar, forma a comunidade de Roma, antes de derramar seu sangue.

Uma leitura atenta, meditativa, orante dos Atos dos Apóstolos é indispensável para conhecer como a Igreja, pequena semente "de mostarda", vai crescendo e expandindo seus ramos no mundo conhecido daquele tempo. Um livro histórico, teológico, catequético e missionário. A Igreja, justamente, oferece-nos a leitura desse livro bíblico durante todo o tempo pascal. É um livro fascinante. Hoje em dia existem muitas opiniões sobre o autor dos Atos dos Apóstolos, o tempo em que foi escrito e mesmo sua visão eclesiológica e teológica. Mas ninguém coloca em discussão sua autenticidade. É um caminho maravilhoso através dos 28 capítulos, que reanima nossa fé e nos oferece uma visão de esperança.

Os primeiros Padres da Igreja o chamavam também "memórias de Lucas" ou dos Apóstolos, mas praticamente narram só os gestos de Paulo e de Pedro, que podemos dizer, são as duas colunas em que se baseia o edifício da primeira comunidade cristã. Lucas escreveu esse seu texto na língua grega, chama "koine", língua do povo, que seus leitores podiam compreender com facilidade. Não é um grego clássico, difícil para se compreender. Era um livro de catequese e, ao mesmo tempo, de história da Igreja nascente. Um dos textos mais belos dos Atos dos Apóstolos é, sem dúvida, a conversão de Paulo na via de Damasco, como também de suma importância é o Concílio de Jerusalém, onde os "Apóstolos" se encontram de acordo em enviar uma carta a todas as comunidades dizendo como elas devem se comportar.

Chegaram então alguns homens da Judeia, que ensinavam aos irmãos de Antioquia: "Se não fordes circuncidados, como ordena a Lei de Moisés, não podereis ser salvos". Isso provocou muita confusão, e houve uma grande discussão de Paulo e Barnabé com eles. Finalmente, decidiram que Paulo, Barnabé e alguns outros fossem a Jerusalém, para tratar dessa questão com os apóstolos e os anciãos. Providos e encaminhados pela comunidade, Paulo e Barnabé atravessaram a Fenícia e a Samaria. Contaram sobre a conversão dos pagãos, causando grande alegria entre todos os irmãos. Chegando a Jerusalém, foram recebidos pelos apóstolos e os anciãos, e narraram as maravilhas que Deus tinha realizado por meio deles. Alguns da seita dos fariseus, que haviam abraçado a fé, protestaram dizendo que era preciso circuncidar os pagãos e obrigá-los a observar a Lei de Moisés.

A reunião dos apóstolos em Jerusalém

Então, os apóstolos e os anciãos reuniram-se para tratar desse assunto. Depois de longa discussão, Pedro levantou-se e falou: "Irmãos, vós sabeis que, desde os primeiros dias, Deus me escolheu dentre vós, para que os pagãos ouvissem de minha boca a palavra da Boa-Nova e abraçassem a fé. Ora, Deus, que conhece os corações, lhes prestou uma comprovação, dando-lhes o Espírito Santo como o deu a nós. E não fez discriminação entre nós e eles, mas purificou o coração deles mediante a fé.

O "Decreto dos Apóstolos" e sua divulgação

Então os apóstolos e os anciãos, de acordo com toda a Igreja, resolveram escolher alguns dentre eles para mandá-los a Antioquia, com Paulo e Barnabé. Escolheram Judas, chamado Barsabás, e Silas, ambos muito respeitados pelos irmãos. Por intermédio deles enviaram a seguinte carta: "Nós, os apóstolos e os anciãos, vossos irmãos, saudamos os irmãos vindos do paganismo e que estão em Antioquia, na Síria e na Cilícia. Ficamos sabendo que alguns dos nossos causaram perturbações com palavras que transtornaram vosso espírito, mas eles não foram enviados por nós. Então decidimos, de comum acordo, escolher alguns representantes e mandá-los até vós, junto com nossos queridos irmãos Barnabé e Paulo, homens que arriscaram a vida pelo nome de nosso Senhor Jesus Cristo. (Convidamos o leitor a tomar sua Bíblia e ler todo o texto em At 15,1-34.)

Uma comunidade que não tem conflitos intelectuais e teológicos é morta, não busca a verdade, mas fossiliza a verdade em normas e não tem capacidade de "mudar" as formas, nem o conteúdo do anúncio.

8

OS PADRES APOSTÓLICOS

Com o livro Atos dos Apóstolos se fecha o parêntese entre os livros inspirados e considerados como palavra de Deus, mesmo que devamos considerar alguns livros mais tardios, como o Apocalipse e o evangelho de João. Tem um grupo de Padres da Igreja que foram discípulos dos Apóstolos, e se chamam "Padres Apostólicos", entre os quais devemos considerar quem escreveu a *Didaché*, o magistério dos Apóstolos, escrito por um autor não bem definido, fruto da reflexão dos primeiros seguidores de Jesus, que poderíamos definir como os primeiros teólogos e apologetas do cristianismo. A *Didaché* é um texto que estava perdido por séculos e que foi reencontrado em 1873, pelo metropolita Filotheos Bryennios. A maioria dos autores considera esse escrito entre os anos 80 e 90 depois de Cristo. É uma maravilhosa síntese teológica e pastoral. Muitos são os estudos, mesmo em nosso tempo, sobre esse texto antigo, que sem dúvida pertence não a um dos Apóstolos, mesmo que se chame o ensinamento dos doze apóstolos, mas sim a um autor desconhecido. "Existem duas vias, uma da vida e uma da morte, entre as duas há uma grande diferença", diz o texto.

Devemos mesmo fazer uma referência à famosa Carta de Barnabé, que oferece uma leitura espiritual do Antigo Testamento e afirma com força que Cristo é o cume de toda a revelação. A Carta de Barnabé, escrita em grego, através de 21 capítulos, mostra-nos a importância da vida mesma da Igreja primitiva. São ensinamentos práticos, liturgia. Mostra uma continuidade entre os primeiros Cristãos e os ensinamentos dos apóstolos, particularmente do evangelho.

Um capítulo novo da Igreja nascente que procura não se distanciar dos ensinamentos dos Apóstolos, será nesse período a proliferação dos textos apócrifos, que têm sua importância, porque nos permitem ver a "religiosidade popular", feita de verdades misturadas com lendas e tradições orais.

Outro texto primitivo de suma importância é o **Pastor de Hermas**. É uma obra do II século, mas não pertence ao cânon dos livros inspirados, mesmo que seja citado como tal por Irineu de Lyon e por Tertuliano, que falam de um livro das "escrituras". Um escrito importante que fala das visões que teria tido o Pastor de "Hermas", nome fictício do mesmo autor desse livro. O livro é interessante por seu conteúdo prático da vida, não só da Igreja, mas também do comportamento cotidiano dos cristãos. Um texto muito importante para o conhecimento do primeiro tempo apostólico. Do mesmo período histórico temos outros fragmentos de menor importância. O que para nós interessa é que a primeira comunidade cristã, nascida dos mesmos Apóstolos que anunciam com força o *Kerigma* de Jesus, o nazareno, educou a primeira geração de evangelizadores, os Padres Apostólicos. Esse período se fecha no máximo no ano 120-130.

Clemente de Roma

Com o papa Clemente Romano I se abre uma nova página da história da Igreja, o primeiro Papa, São Pedro (33-67), Lino o segundo Papa (67-76), o terceiro papa Cleto (76-92), quarto papa Clemente de Roma, ou Romano (92-97). Clemente é o primeiro Papa que podemos dizer que escreveu uma encíclica à comunidade de Corinto, recordando sua glória passada e convidando à unidade e a rejeitar as intrigas dos invejosos, que dentro da mesma comunidade fomentavam a desunião. Não se pode esquecer Inácio de Antioquia, Bispo escolhido pelo apóstolo Pedro, escreveu sete cartas, que são um monumento vivo à fé, à dedicação e ao extermínio dos primeiros cristãos, que desejam sempre ardentemente o martírio para serem mais conformados ao Cristo Jesus.

Não podemos esquecer Papias, o velho escutador das pregações de João evangelista, e que aponta para uma Igreja hierárquica, colocando em guarda os primeiros cristãos das possíveis heresias. Aparece na Igreja a heresia gnóstica, que prejudicou não pouco a verdadeira mística contemplativa. O ver a Deus que exige não só uma abertura da mente e do coração, mas também uma "ascese" para enfrentar os inimigos do cristianismo, que estão sempre mais como pensadores e como realidade social.

As tendências que aparecem nesse momento são duas: o escatologismo e o ascetismo. A ideia de que Jesus deverá aparecer daqui a pouco é uma forte tendência no povo a não se preocupar das coisas da terra: "Jesus deve vir, para que se preocupar demasiadamente do futuro?" E a outra tendência não menos forte é o ascetismo: "é preciso fazer penitência, seja para apressar o tempo da vinda de Jesus, seja para nos purificar do peso de nossos pecados". A parusia (vinda) do Senhor dá uma força nova aos cristãos, que não se deixam desanimar pelas perseguições.

É nesse tempo que também se vai estreitando a liturgia sacramental do **Batismo,** o sacramento que abre a porta para entrar e fazer parte do povo de Deus. É a comunidade que recebe os novos neófitos e os introduz gradualmente no conhecimento do mistério de Jesus Cristo salvador.

CRISMA: o sacramento da crisma, a unção que vai tornar forte o batizado, capaz de dar testemunho da própria fé e de defendê-la até a morte se for necessário.

EUCARISTIA: celebrar a memória de Jesus segundo seu mandamento na última ceia: "fazei isto em memória de mim", "este é o meu corpo e este é o meu sangue". É no sacramento da Eucaristia que os cristãos se alimentam de Cristo e experimentam sua presença.

A comunidade se realiza como família unida e reunida e todos os bens devem ser colocados em comum, para que não haja entre eles nenhum necessitado. A partilha dos bens se revela desde o início, o "antídoto" contra o individualismo, mesmo que saibam que é difícil. Há uma insistência constante sobre isso. E Deus vai aumentando o que quer entrar na religião "do caminho", como era chamado o cristianismo, um caminho longo, participativo, para criar uma nova consciência de vida.

Surgem tensões inevitáveis entre os que não queriam abandonar o judaísmo, os que viam a necessidade de uma ruptura e outros que buscavam o caminho da iluminação gnóstica. Conflitos de fé e não de ideologia serão superados lentamente. A Igreja caminha lentamente, mas dá passos seguros, à luz da palavra de Deus, do evangelho e do magistério da Igreja, que começa a se delinear desde o início. Uma autoridade que se fundamenta não sobre teorias, mas sim sobre a pessoa de Jesus, o ungido de Deus, nascido da Maria virgem, que padeceu sobre Pilatos, foi crucificado e, ao terceiro dia, ressuscitou dos mortos.

9

O SANGUE DOS MÁRTIRES

Uma Igreja sem mártires não é crível, não tem autoridade para poder anunciar o evangelho de Jesus. O discípulo pode somente desejar ser como o mestre, mas nunca como o mestre Jesus é o primeiro mártir da nova aliança. Jesus, modelo que nos tem dito "sejais perfeitos como é perfeito o vosso Pai celeste" (Mt 5,48), é contemplado especialmente em seu sacrifício na cruz, no derramamento de sangue para a salvação de todos. A Igreja começa a ser "perseguida" em larga escala e por todos os lugares. Os imperadores, os chefes, os governadores veem no crescer dos cristãos um perigo para as próprias ditaturas. Era assim no início da Igreja e será sempre assim, como em nossos dias, em que as ditaduras ficam de pé colocando em prisão os profetas da verdade e da liberdade. A palavra de Deus, seja mesmo das duas alianças, são perigosas para quem não vive na verdade e no respeito do ser humano. Vejamos como os mártires dos primeiros séculos se comportam:

– não têm medo da morte;
– não procuram advogados para defenderem-se;
– vão para a morte cantando e felizes de dar testemunho;
– não provocam ostensivamente os inimigos;
– fogem e se escondem, mas uma vez descobertos, não rene-

gam a fé para salvar a própria vida, enfrentam a morte como sinal de fidelidade.

Sirvam-nos como modelo dois Padres da Igreja.

O primeiro Inácio de Antioquia. Homem corajoso, que convida os mesmos cristãos, se o amam, a deixarem-no triturar como trigo pelos dentes das feras, e será pão branco, clara referência à Eucaristia, que é alimento substancioso, viático, alimento do viajor para o reino dos céus.

Da Carta aos romanos, de Santo Inácio, bispo e mártir (cap. 4,1-2; 6,1-8,3: Funk 1,217-223) (Séc. I):

> *Sou trigo de Deus e serei moído pelos dentes das feras.*
>
> *Tenho escrito a todas as Igrejas e a todas elas faço saber que morro por Deus com alegria, desde que vós não me impeçais. Suplico-vos: não demonstreis por mim uma benevolência inoportuna. Deixai-me ser alimento das feras; por elas pode-se alcançar a Deus. Sou trigo de Deus, serei triturado pelos dentes das feras para tornar-me o puro pão de Cristo. Rogai a Cristo por mim, para que por este meio me torne sacrifício para Deus.*
>
> *Nem as delícias do mundo nem os reinos terrestres são vantagens para mim. Mais me aproveita morrer em Cristo Jesus do que imperar até os confins da terra. Procuro-o, a ele que morreu por nós; quero-o, a ele que por nossa causa ressuscitou. Meu nascimento está iminente. Perdoai-me, irmãos! Não me impeçais de viver, não desejeis que eu morra, eu, que tanto desejo ser de Deus. Não me entregueis ao mundo nem me fascineis com o que é material. Deixai-me contemplar a luz pura; quando lá chegar, serei homem. Concedei-me ser imitador da paixão de meu Deus. Se alguém o possui no coração, entenderá o que quero e terá compaixão de mim, sabendo quais os meus impedimentos.*
>
> *O príncipe deste mundo deseja arrebatar-me e corromper meu amor para com Deus. Nenhum de vós, aí presentes, o ajude! Ponde-vos de meu lado, ou melhor, do lado de Deus. Não podeis dizer o nome de Jesus Cristo, enquanto cobiçais o mundo. Que a inveja não more em vós! Mesmo que eu em pessoa vos rogue, não me acrediteis; crede antes no que vos escrevo,*

desejando morrer. Meu amor está crucificado, a matéria não me inflama, porque uma água viva e murmurante dentro de mim me diz em segredo: "Vem para o Pai". Não sinto prazer com o alimento corruptível nem com os prazeres deste mundo. Quero o pão de Deus, a carne de Jesus Cristo, que nasceu da linhagem de Davi; e quero a bebida, o seu sangue, que é a caridade incorruptível.

Não quero mais viver segundo os homens. Isso acontecerá se vós quiserdes. Rogo-vos que o queirais para alcançardes também vós a misericórdia. Com poucas palavras dirijo-me a vós; acreditai em mim! Jesus Cristo vos manifestará que digo a verdade; ele, a boca verdadeira pela qual o Pai verdadeiramente falou. Pedi vós por mim, para que o consiga. Não por motivos carnais, mas segundo a vontade de Deus vos escrevi. Se for martirizado, vós me quisestes bem; se rejeitado, vós me odiastes. (2ª. Leitura do Ofício das Leituras de 17 de outubro.)

E outro texto de Cirilo de Alexandria, que fala da importância do Espírito Santo na vida dos mártires.

Do "Comentário sobre o Evangelho de João" por São Cirilo de Alexandria, bispo (Lib.. [em inglês], 11, 11; PG 74, 559-562). O Espírito é o vínculo da unidade no corpo místico de Cristo.

Segundo São Paulo, quantos comunicamos à humanidade santa de Cristo, viemos formar um só corpo com Ele. Assim, ele apresenta este mistério de amor: "Não se manifestou aos homens das gerações anteriores, como no presente foi revelado aos seus santos apóstolos e profetas pelo Espírito: que os gentios são chamados em Cristo Jesus para participar da mesma herança, formar o mesmo corpo e ser participantes da promessa" (Ef 3,5-6). Se somos todos membros do mesmo corpo em Cristo e não apenas entre nós, mas também com aquele que está em nós através de sua carne, é evidente que somos todos um entre nós e em Cristo. Pois Cristo é um laço de unidade, sendo ao mesmo tempo Deus e homem. Quanto à união espiritual, seguindo o mesmo raciocínio, ainda diremos que todos nós, tendo recebido um e o mesmo Espírito Santo, estamos, de certa forma, unidos tanto entre nós quanto com Deus. Pois, embora, tomados separadamente, somos muitos, e em cada um de nós Cristo faz o Espírito do Pai e seu habitar, ainda assim o Espírito é um e indivisível. Ele, por sua presença e sua ação reúne nos espíritos de unidade que são distintos e separados. Ele faz com que todos em si mesmos sejam um e a mesma coisa. O poder da humanidade santa de Cristo torna concorporali aqueles nos quais se encontra. Do mesmo modo, creio, o único e indivisível Espírito de Deus que habita em todos, leva todos à unidade espiritual. Por isso, São Paulo também nos exorta: carregai-vos uns aos outros com amor, procurai preservar a unidade do espírito por meio do vínculo da paz. Um só corpo, um só Espírito, como uma é a esperança para a qual você foi chamado, a de sua vocação; um só Senhor, uma só fé, um só batismo. Um Deus Pai de todos, que sobretudo, age por meio de todos e está presente em todos (cf. EF 4,2-6). De fato, habitando em nós um só Espírito, haverá em nós um só Pai de todos, Deus, através do Filho. O Espírito Santo leva de volta à unidade consigo mesmo e à unidade mútua entre todos aqueles que se encontram participando dele. E, evidentemente, somos participantes do Espírito. De fato, deixamos a vida animal e obedecemos às leis do Espírito. Desse modo, abandonamos nossa vida, unimo-nos ao Espírito Santo, adquirimos uma conformidade celeste com Ele e transformamo-nos, de certa forma, em outra natureza. Portanto, não somos mais chamados apenas homens, mas também filhos de Deus e homens celestiais. Somos feitos participantes da natureza divina. Somos todos um no Pai, no Filho e no Espírito Santo: uma coisa digo, pela identidade da condição, pela coesão na caridade, pela comunhão com a Santa carne de Cristo e pela participação do único Espírito Santo. (https://incammino.blog/2022/05/23/dal-commento-sul-vangelo-di-giovanni-di-san-cirillo-da-lessandria-lo-spirito-e-vincolo-di-unita-nel-corpo-mistico-di-cristo-3/)

Encontramos tantas leituras dos gestos dos mártires! Vem-me à mente os mártires massilitanos (entre os primeiros mártires da África do Norte), que no diálogo com os acusadores afirmam a própria inocência das acusações que lhes são feitas e ao mesmo tempo afirmam de maneira decisiva a própria adesão ao Cristo Jesus, príncipe da paz.

Basílio de Cesareia, escrevendo o martírio de Gordio, apresenta-o como alguém que suplica aos próprios algozes que apressem sua morte, para que seja recebido no paraíso, no seio de Abraão, como o pobre Lázaro. Duas tendências vemos nos mártires: testemunhar Jesus com a própria vida e o desejo de celebrar a páscoa com o ressuscitado.

Se todos os santos são a melhor exegese do evangelho, como diz o papa Bento XVI, os mártires são o melhor exemplo, o testemunho vivo da Paixão salvadora de Cristo Jesus. Mais tarde Edith Stein, a carmelita que morre mártir do nazismo, diz: "não seremos salvos pela fenomenologia, mas sim pela Paixão de nosso Senhor Jesus Cristo".

Gostaria de pôr em evidência como os mártires pertencem a todas as categorias sociais do tempo, sem distinção: são sacerdotes, Bispos, leigos, gente culta e gente analfabeta, que tendo recebido o batismo e a crisma, e tendo se alimentado do corpo e sangue de Cristo, sentem-se capazes de dar testemunho da própria fé. E, diante das propostas ilusórias dos perseguidores, preferem a morte, porta segura para a vida eterna.

Na reunião comunitária antes da celebração da Eucaristia se liam as cartas que eram enviadas de pessoas presentes ao martírio dos irmãos e das irmãs, ou mesmo as atas dos mártires. Isso servia para afervorar os corações e infundir nova força para quem se encontrava em situações de risco da fé.

10

OS MONGES E AS VIRGENS, BUSCADORES DE DEUS

A Igreja é feliz por seus mártires e sente que o caminho do testemunho, do martírio é uma força para todos os que recebem o batismo. Eles olham três momentos da própria história:

1. O olhar para o **passado**: são exemplos de força os mártires, os que com coragem souberam dar a própria vida para manifestar diante da prepotência do mundo o amor a Cristo, que veio não para ser servido, mas para servir, e que apresentou a alegria de morrer para poder possuir a vida em plenitude. Sempre o olhar no passado para o povo em caminho é coragem e força para ir em frente.

2. Os cristãos contemplam o **presente** "obscuro", ameaçador, veem e sabem que são perseguidos, não somente em uma parte, mas em todos os lugares onde se encontram recebem notícias que convidam à prudência, mas não à covardia.

3. Olham para o **futuro** com esperança de que virão tempos em que os que seguem o evangelho não serão mais perseguidos, mas amados. Essa esperança os sustenta.

Ao mesmo tempo se nota um certo resfriamento dentro das comunidades cristãs, aumentando demasiadamente e quem sabe sem um verdadeiro discernimento espiritual, aceitando todos os que pediam o batismo. A comunidade perde sua força martirial e testemunho visível do seguimento e da imitação de Cristo Jesus. Uma Santa "revolta e inquietação", que leva algumas pessoas a pensarem em um novo estilo de vida, que seja um sinal questionador para toda a comunidade cristã. Os monges e as virgens surgem por causa da infidelidade da comunidade ao evangelho. É preciso definir, como sempre fazemos, os termos monges e virgens. O que nós entendemos, para não nos perdermos no caminho da Igreja, uma virada importante que vai assinalar o início de novos carismas e de novas leituras vitais do evangelho. O Espírito Santo surpreende sempre e vai surpreender em todos os séculos, com uma fidelidade criativa, que jamais pode ser esquecida.

OS MONGES

A palavra monge quer dizer "sozinho, isolado do mundo", que foge para o deserto ou lugar afastado de tudo para dedicar-se à oração, à ascese, à solidão, para estar totalmente a serviço de Deus...

ANACORETAS

É um movimento religioso, que surge ao lado dos monges, pouco depois ou, segundo alguns, em contemporaneidade com o monaquismo, e se caracteriza por quatro atitudes: oração, separação do mundo, ascese... e com certas aparições no meio da sociedade. O termo anacoreta significa abandono da sociedade, mas com uma certa discrição. Parece que surgiu no deserto de Fayum, Egito, onde hoje existe um Carmelo de monjas Carmelitas Descalças. Depois, lentamente, espalhou-se para outras partes do Egito e da Palestina. O anacoretismo é um estado intermédio entre monaquismo e cenobitismo.

CENOBITISMO

A vida cenobítica, tendo como seu fundador o monge Pacômio, que desdenhava a vida eremítica, e em um certo sentido a mesma vida anacorética, por considerá-la uma vida "selvagem", porque priva de comunhão, introduz a vida cenobítica, quer dizer a vida comunitária, e deu as primeiras Regras de como viver a comunhão fraterna, feita de ascese, de oração, de perdão e de convivência.

As três formas de vida, embriões da vida consagrada de todos os tempos, não se excluem, mas se completam reciprocamente. A criatividade do Espírito Santo continua a nos surpreender com novos desertos, onde o ser humano se refugia na busca do Deus vivo, que continua a se esconder e se manifestar como ele quer, em todos os tempos.

Santos Ambrósio, Jerônimo e Cesário de Arles escrevem Regras simples, evangélicas, que depois se tornaram pesadas pelas muitas normas acrescentadas, que sufocam o carisma. O carisma, o Espírito Santo, precede a lei. A lei "engaiola", muitas vezes, a fecundidade do carisma. É o que aconteceu e acontece quando o legalismo, o juridicismo querem colocar limites ao espírito. A lei mata, o espírito vivifica.

ANTÃO, PACÔMIO, BASÍLIO

Muito se tem escrito sobre estes três gigantes e fundadores do monaquismo oriental, que precedem o ocidente e que com simplicidade deram vida a estilo evangélico bem preciso. O monge não vai ao deserto só para fugir do mundo, para deixar atrás de si tudo, para viver a pobreza extrema e dedicar-se seja à oração seja à penitência. Ele vai ao deserto movido pelo Espírito Santo, como o Mestre, para ser tentado pelo demônio, e para lutar contra ele, e vencê-lo com a palavra de Deus e a ascese. O monge não leva nada consigo, só a armadura de que fala o apóstolo Paulo, na Carta aos Efésios 4.

> *Visto que a vida humana na terra é uma tentação, e todos os que querem viver fielmente em Cristo sofrem perseguição, e como o seu adversário, o diabo, rodeia por aí como um leão que ruge, espreitando a quem devorar, procurem, com toda a diligência, revestir-se da armadura de Deus, para que possam resistir às emboscadas do inimigo.*
>
> *Os rins devem ser cingidos com o cíngulo da castidade, o peito protegido por pensamentos santos, pois está escrito: O pensamento santo te guardará. A couraça da justiça deve ser usada como veste, a fim de que vocês amem o Senhor com todo o coração, com toda a alma e com todas as forças, e o próximo como a si mesmos. Sempre e em tudo deve ser empunhado o escudo da fé, com o qual possam apagar todas as flechas incendiárias do maligno, pois sem a fé é impossível agradar a Deus. O capacete da salvação deve ser colocado sobre a cabeça, para que esperem a salvação unicamente do Salvador, pois é ele que libertará seu povo dos pecados. E que a espada do Espírito, que é a Palavra de Deus, habite abundantemente na sua boca e nos seus corações, e tudo que vocês tiverem de fazer, seja lá o que for, que seja feito na Palavra do Senhor. (Regra do Carmelo 18-19)*

ANTÃO, O GRANDE, O ABADE (250-356)

Segundo a tradição, viveu mais de 100 anos. As poucas notícias de sua vida temos por meio da primeira biografia, que foi escrita pelo Bispo Santo Atanásio. Antão era um jovem bom, que frequentava a igreja copta. Sua família era pobre, com pouca cultura. Ficou órfão quando ainda não tinha 18 anos e cuidou de sua irmã menor. Ao redor dos 20 anos, escutou a leitura do evangelho: *Jesus respondeu:* "Se queres ser perfeito, vai, vende os teus bens, dá o dinheiro aos pobres, e terás um tesouro no céu. Depois, vem e segue-me"(Mt 19,21). Entregou sua irmã ao cuidado de umas virgens, que ele conhecia bem, vendeu parte do terreno e se refugiou na solidão, perto de um antigo cemitério. Seguindo o exemplo de um velho asceta e eremita, adentrou-se ainda mais no deserto para viver na mais absoluta solidão.

Uma vez somente ele foi a Alexandria para dar apoio ao Bispo Atanásio, depois voltou para a solidão, onde viveu até a morte. Seu biógrafo coloca na boca de Antão longos discursos e lutas terríveis contra o demônio. Os Padres da Igreja fazem referência a Antão como a um modelo de seguimento de Jesus que buscava no silêncio e na solidão o diálogo com o Pai, em constante oração. Podemos evidenciar em sua vida a oração, os jejuns, o trabalho para se autossustentar e lutas contra o demônio. Um dito considerado de Antão e conservado é este: "como os peixes morrem se colocados na terra seca, assim o monge que se retarda fora da cela, ou permanece em conversações com os mundanos, enfraquece seu espírito em sua união com Deus. Como o peixe corre para o mar, assim o monge corra para sua cela, porque ficando fora de sua cela, não esquece de ter cuidado para o interior".

PACÔMIO (292-348)

Nasceu em uma família pagã em Tebas, alto Egito. É considerado o fundador da vida cenobítica e escreveu a mais antiga Regra monástica que conhecemos. Fundou a primeira abadia em Tabennisi. É venerado tanto na Igreja copta, católica como ortodoxa. Pacômio se colocou na escola de um asceta chamado Palemon e se encontrou várias vezes com o eremita Antão. Mas sentiu a necessidade, depois de uma visão mística, de formar mosteiros onde os eremitas pudessem viver juntos. Nem todos tinham força para viver a mais absoluta solidão. Uma novidade que encontrou adeptos e que lentamente se espalhou pelo Egito. Morreu ao redor do ano 348. Sua primeira biografia a encontramos somente no séc. IV. No ano 333 fugiu do Bispo Atanásio, que queria ordená-lo sacerdote. Pode ser que daí tenha surgido o famoso dito entre os monges: "para ser verdadeiro monge deve-se fugir das mulheres e dos Bispos".

Uma só vez foi visitado por Basílio de Cesareia, que tomou muitas de suas ideias para a vida cenobítica e para sua Regra, que depois se espalhou tanto no oriente como também no ocidente.

BASÍLIO, O GRANDE, OU DE CESAREIA (329-379)

Nasceu em uma família culta e religiosa. Sua avó se chamava Macrina e seu irmão é o famoso Gregório de Nissa, que era muito amigo de Gregório Nazianzeno, uma família de santos. Fez seus estudos em Constantinopla e em Atenas, capital da cultura grega. Quando voltou a sua terra, retirou-se por um período de tempo no deserto. Visitou o mesmo Basílio e pode ter encontrado também Pacômio, e daí surgiu a ideia nele de escrever a grande Regra e pequena Regra para a vida monástica. No ano 360, o Bispo Eusebio quis ordená-lo sacerdote e no ano 370, depois da morte de Eusebio, foi eleito Bispo de Cesareia. Lutou contra o arianismo. Escreveu várias obras. Famosa é sua obra sobre o Espírito Santo. Tem uma pequena oração muito bonita sobre os animais:

"Senhor, aumenta em nós a irmandade com os nossos pequenos irmãos! Concede que eles possam viver não para nós, mas por si mesmos e para ti, e que nos ajudem a compreender que eles amam a ternura da vida e que te servem no lugar deles, melhor do que fazemos nós no nosso lugar!"

Teria descrito a Divina Liturgia de São Basílio, embora sobre isso existem dúvidas de vários autores. É venerado por todos os cristãos. Contribuiu em colocar na Regra e na vida monástica o elemento do trabalho. Assim temos o famoso trinômio do equilíbrio da vida monástica: **oração-descanso-trabalho.**

Nessa rápida visão da vida monástica não podemos esquecer de:

EVAGRIO PÔNTICO (345-399)

Monge egipciano que se dedicou ao silêncio e à solidão e escreveu vários livros que ainda hoje são republicados, como, por exemplo, sobre os vícios capitais. Depois de uma vida atribulada pelas tentações, tomou a decisão de viver na solidão e na escola dos eremitas egipcianos passou sua vida. Em seu livro sobre a oração ele quer indicar o verdadeiro caminho que deve sustentar em todos os momentos a vida, não só monástica, mas de todos os cristãos.

No mundo ocidental, sem dúvida, percebemos a influência do monaquismo oriental e temos várias tentativas de Regra monástica. As mais importantes são aquelas de Santo Agostinho, Santo Ambrósio e o mesmo Cassiano orienta o futuro no ocidente para uma vida monástica que, com São Bento, será formulado o famoso binômio: ORA ET LABORA. A contemplação era chamada pelos antigos OTIUM CONTEMPLATIVO, isto é, um momento de descanso do espírito e físico muito importante para o equilíbrio humano.

A oração, a penitência e castidade, que aparecem no I século, vão-se estendendo, seja às mulheres que se consagram publicamente e vivem na própria família ou como eremitas, seja aos homens que preferem o deserto a ficar na família. O caminho para seguir Jesus "mais de perto" é o da cruz e da luta, conta os inimigos do espírito. Uma luta entre os frutos da carne e os frutos do espírito, como os define o mesmo apóstolo Paulo:

> *São bem conhecidas as obras da carne: imoralidade sexual, impureza, devassidão, idolatria, feitiçaria, inimizades, contenda, ciúmes, iras, intrigas, discórdias, facções, invejas, bebedeiras, orgias e outras coisas semelhantes. Eu vos previno, como aliás já o fiz: os que praticam essas coisas não herdarão o reino de Deus. O fruto do Espírito, porém, é: amor, alegria, paz, paciência, amabilidade, bondade, lealdade, mansidão, domínio próprio. Contra essas coisas não existe lei.* (Gl 5,19-23)

ORÍGENES

É um dos mais brilhantes teólogos do início do cristianismo, mente sutil, que sabe confrontar os inimigos e sabe como se movimentar na filosofia e na teologia. Nasceu em Alexandria do Egito, no ano 185. No ano 203 foi escolhido pelo bispo como mestre da escola catequética de Alexandria. Foi ordenado sacerdote. No início interpretando literalmente o evangelho "se um dos teus meus membros te leva ao pecado corta-o, é melhor para você entrar no reino dos céus sem um membro que ser lançado na geena com todos os membros", ele se "mutila os órgãos sexuais". Por esse motivo nunca foi declarado santo. Aliás, foi condenado pela mesma Igreja. Morreu no ano 254. Foi o maior apologista. Passou sua vida circundado de grandes admiradores e, ao mesmo tempo, de grandes inimigos, mas viveu com fidelidade o evangelho e se prodigalizou para que a pureza da fé não fosse contaminada. Exerceu uma influência benéfica e grande sobre tantos teólogos depois dele. Comentou a escritura e seu estilo hermenêutico é estilo narrativo, meditativo, vivencial. Foi apaixonado e comentou maravilhosamente o Cântico dos cânticos e outros livros da escritura. É chamado pregador "adamantio", isto é, "diamante", por sua dureza e firmeza teológica.

> *"No Jordão, a arca da aliança era o guia do povo de Deus. A fileira dos sacerdotes e levitas para, e as águas, como que em reverência aos ministros de Deus, refreiam seu curso e amontoam-se abrindo caminho livre para o povo de Deus. Não te admires de que estes fatos, acontecidos com o povo antigo, se refiram a ti, cristão, que pelo sacramento do batismo atravessaste o rio Jordão. A palavra divina te promete coisas ainda maiores e mais elevadas: oferece-te mesmo a travessia pelos ares. Escuta o que Paulo diz acerca dos justos: Seremos arrebatados nas nuvens, ao encontro de Cristo nos ares, e assim estaremos com o Senhor para sempre. Não há nada que amedronte o justo. Todas as criaturas o servem. Ouve ainda como pelo Profeta Deus lhe promete: Se passares pelo fogo, a chama não te queimará, porque eu sou o Senhor, teu Deus. Todo lugar acolhe o justo e toda criatura lhe presta o devido serviço. E não julgues que essas coisas se deram antigamente e que em ti, que as escutas, nada de semelhante acontece. Todas se perfazem em ti de modo místico. De fato, tu que, abandonando há pouco as trevas da idolatria, desejas aproximar-te da lei divina, deixas primeiro o Egito.*
>
> *Quando te inscreveste no número dos catecúmenos e começaste a obedecer aos preceitos da Igreja, atravessaste o mar Vermelho. Assim, levado às paradas do deserto, tu te entregas diariamente à audição da lei divina e à contemplação do rosto de Moisés, com o véu já retirado pela glória do Senhor. Se depois te achegares à fonte do místico batismo e, na presença dos sacerdotes e levitas, fores iniciado naqueles veneráveis e magníficos mistérios conhecidos por aqueles a quem de direito, então depois de ter atravessado o Jordão, também pelo ministério sacerdotal, entrarás na terra prometida. Nessa, depois de Moisés, acolher-te-á Jesus e ele próprio se fará teu guia na nova caminhada.*
>
> *Tu, porém, lembrado de tantas e tão grandes maravilhas de Deus, como o mar que se dividiu para ti e a água do rio que parou diante de ti, voltado para eles dirás: Que houve, ó mar, que fugiste? e tu, Jordão, que voltaste para trás? Montes, por que saltais como cabritos e as colinas como cordei-*

rinhos? A palavra divina responderá: Diante da face do Senhor abalou-se a terra, diante da face do Deus de Jacó, que muda a pedra em lago e o rochedo em fontes de água.» Das Homilias sobre o Livro de Josué, de Orígenes, presbítero (Hom. 4,1: PG 12,842-843) (séc. III) (Postado por Fraternidade São Gilberto)

GREGÓRIO NAZIANZO

Nasceu no ano 329 em Arianza ou Nazianzo. O pai Gregório, convertido, foi sacerdote e bispo de Nazianzo. É uma família de santos. A avó, a mãe, os irmãos e as irmãs todos são considerados e venerados como santos. Estudou em Cesareia, e em Capadócia encontrou-se com Basílio, vivenciando uma amizade fraterna e fecunda. Teólogo profundo que defendia a divindade de Jesus Cristo, lutou contra os hereges. Uma vida movimentada em favor da pregação do evangelho e da fé. Discutiu abertamente contra os hereges e como bispo tem uma grande atividade apostólica. Seus numerosos escritos possuem um caráter ascético, místico e moral. Esteve sempre preocupado que o povo não fosse contaminado pelas correntes contrárias à verdadeira fé em Cristo Jesus. Teve um amor particular pela vida monástica e defendeu seja os monges como também as virgens consagradas de seu tempo. Os monges são uma propriedade exclusiva de Deus e, por meio da oração contemplativa, exerceu uma missão dentro da mesma comunidade. Muitos são os aspectos teológicos, apologéticos, que ele desenvolveu em seus muitos escritos.

"Lázaro, sai para fora"

Deitado no túmulo, ouviste este chamamento imperioso. Haverá voz mais sonora que a do Verbo? Então, vieste para fora, tu, que estavas morto, e não apenas há quatro dias, mas há muito tempo. Ressuscitaste com Cristo [...]; caíram-te as ligaduras. Agora, não voltes a cair na morte; não voltes a juntar-te aos que habitavam nos túmulos; não te deixes abafar pelas ligaduras dos teus pecados.

É que talvez não pudesses voltar a ressuscitar. Poderias acaso retirar da morte deste mundo a ressurreição de todos, no final dos tempos? [...] Que o chamamento do Senhor te ressoe, pois, aos ouvidos! Não te feches aos ensinamentos e aos conselhos do Senhor. Se estavas cego e mergulhado em trevas no túmulo, abre os olhos para não te afundares no sono da morte. Na luz do Senhor, contempla a luz; no Espírito de Deus, fixa o teu olhar no Filho.

Se acolheres a Palavra, concentrarás na tua alma todo o poder de Cristo, que cura e ressuscita. [...] Não receies sofrer para conservar a pureza do teu batismo e abre no coração os caminhos que te fazem ascender ao Senhor. Conserva cuidadosamente o ato de libertação que recebeste por pura graça. [...] Sejamos luz, como os discípulos aprenderam a sê-lo com Aquele que é a grande Luz: "Vós sois a luz do mundo" (Mt 5,14). Sejamos luminárias no mundo, erguendo bem alto a Palavra da vida, sendo poder de vida para os outros. Partamos em busca de Deus, em busca daquele que é a primeira e a mais pura das luzes. (Sermão sobre o Santo Batismo)

GREGÓRIO DE NISSA

É irmão menor de São Basílio. Ele nasceu também em uma família de santos, é interessante ver como esses grandes santos do início do cristianismo não são estrelas solitárias, mas fazem parte de uma constelação de santos da mesma família. Nasceu no ano 335 e pode ter sido influenciado pelo irmão Basílio, e pela irmã Macrina escolheu a vida eclesiástica... há quem diga que passando um período de crise tenha se afastado por um pouco da fé, se teria casado, mas depois, pela oração de Basílio e de Gregorio Nazianzeno, volta à fé e se dedica totalmente ao serviço de Deus. Em 332, seu irmão Basílio o consagrou Bispo da Igreja de Nissa. Dedicou-se com amor a sua missão de Bispo e com seus escritos místicos e teológicos defendeu a fé dos ataques dos hereges, tão frequentes nas comunidades daquele tempo. É um dos mais fecundos Padres da Capadócia, enfrentou os vários problemas que surgiram, seu estilo é apologético, de defesa da genuína fé. Morreu no ano 394. A Igreja o considera Doutor da Igreja.

Das Homilias de São Gregório de Nissa, bispo, sobre o Eclesiastes

Feliz a alma que levanta os olhos para a sua Cabeça, que é Cristo, como interpreta Paulo, porque a luz penetrante do seu olhar está voltada para onde não existem as trevas do mal. [...] Aquele que não põe a sua lâmpada sobre o candelabro, mas debaixo da cama, faz com que a sua luz se transforme em trevas. Mas há muitos, felizmente, que se entregam à competição pelas realidades superiores e à contemplação dos verdadeiros valores. Esses homens são considerados cegos e inúteis por aqueles que não têm a verdadeira sabedoria; e é nesse sentido que Paulo se gloriava de ser louco por Cristo. [...]

Quem não o consideraria miserável, vendo-o preso, açoitado e ultrajado; vendo-o naufragado, debatendo-se no meio das vagas depois de desmantelada a nau; vendo-o levado em cadeias de um para outro lado? E no entanto, embora fosse esta a sua vida entre os homens, nunca deixou de ter os olhos fixos na sua Cabeça, como ele próprio afirmava: Quem nos separará do amor de Cristo? A tribulação, a angústia, a perseguição, a fome, a nudez, o perigo ou a espada? É como se dissesse: «Quem desviará os meus olhos da Cabeça e nos fará voltar para o que é desprezível?».

Também a nós ele nos manda fazer o mesmo, quando nos exorta a saborear as coisas do alto, quer dizer, a «ter os olhos postos na Cabeça», isto é, em Cristo. (Fonte: Site do Vaticano)

AGOSTINHO

Nasceu em Tagaste, a atual Souk Ahras, na Argélia, no ano 354. Sua mãe profundamente cristã, o pai Patrício era pagão, mas parece que no fim de vida se tenha convertido. É sem dúvida o Santo mais influente seja no ocidente como no oriente. Fecundo escritor, o livro que ainda hoje é fundamental para o conhecimento deste grande santo são as CONFISSÕES, que continua a ser um best-seller da espiritualidade, onde Agostinho, sem véu e sem pudor, relata sua vida, sua conversão. Ele mesmo escreveu uma Regra para sua comunidade, que é considerada uma das Regras monásticas mais importantes. Muitos santos, entre os quais está Santa Teresa d'Ávila, converteram-se ao lerem as Confissões de Santo Agostinho.

JOÃO CASSIANO

João Cassiano ocupa um lugar importante na história da espiritualidade. Nasceu no ano 360 e morreu em Marselha no ano 435. Uma vida dedicada à vida monástica; fundou muitos mosteiros aos quais ele mesmo deu regras e princípios para poder viver uma vida de monges cenobíticos. Viajou ao oriente e provavelmente encontrou-se com alguns monges do Egito e da Palestina. Pouco sabemos de sua vida, nós o conhecemos especialmente pelas "collationes", uma espécie de meditações sobre a vida monástica, seja interna ou externa, sobre o comportamento do monge.

Uma vida agitada, porque foi eleito como Patriarca de Alexandria, mas no fim da vida voltou ao mosteiro por ele fundado em Marselha.

PSEUDO-DIONÍSIO, O AREOPAGITA

No dia 14 maio de 2008, o papa Bento dedicou uma catequese sobre este santo, bela e completa:

> *Queridos irmãos e irmãs,*
>
> *Hoje, durante as catequeses sobre os Padres da Igreja, gostaria de falar de uma figura muito misteriosa: um teólogo do século VI, cujo nome é desconhecido, que escreveu sob o pseudônimo de Dionísio Areopagita. Com esse pseudônimo, ele aludia ao trecho da Escritura que agora ouvimos, ou seja, à vicissitude narrada por São Lucas no capítulo 17 dos Atos dos Apóstolos, onde é narrado que Paulo pregou em Atenas no Areópago, para uma elite do grande mundo intelectual grego, mas no final a maior parte dos ouvintes mostrou-se*

desinteressada e afastou-se, ridicularizando-o; todavia alguns, poucos, diz-nos São Lucas, aproximaram-se de Paulo abrindo-se à fé. O Evangelista oferece-nos dois nomes: Dionísio, membro do Areópago, e uma certa mulher, Damaris.

Se o autor desses livros escolheu, cinco séculos depois, o pseudônimo de Dionísio Areopagita quer dizer que sua intenção era pôr a sabedoria grega a serviço do Evangelho, ajudar o encontro entre a cultura e a inteligência gregas e o anúncio de Cristo; queria fazer aquilo que este Dionísio tencionava realizar, ou seja, que o pensamento grego se encontrasse com o anúncio de São Paulo; sendo grego, tornar-se discípulo de São Paulo e assim discípulo de Cristo.

Por que escondeu ele seu nome e escolheu esse pseudônimo? Uma parte da resposta já foi dita: queria exprimir precisamente essa intenção fundamental do seu pensamento. Mas existem duas hipóteses acerca desse anonimato e pseudonimato. Uma primeira hipótese diz: era uma falsificação intencional com a qual, remontando suas obras ao primeiro século, ao tempo de São Paulo, ele queria dar à sua produção literária uma autoridade quase apostólica. Mas melhor que essa hipótese, que me parece pouco credível, é a outra: ou seja, que ele quisesse fazer precisamente um ato de humildade. Não dar glória a seu próprio nome, não criar um monumento para si mesmo com suas obras, mas realmente servir o Evangelho, criar uma teologia eclesial, não individual, baseada em si próprio. Na realidade, conseguiu construir uma teologia que, sem dúvida, podemos fazer remontar ao segundo século, mas não atribuir a uma das figuras daquele tempo: é uma teologia um pouco desindividualizada, ou seja, uma teologia que exprime um pensamento e uma linguagem comuns. Era um tempo de polêmicas acérrimas depois do Concílio de Calcedônia; ele, ao contrário, na sua Sétima Epístola, diz: "Não gostaria de fazer polêmicas; falo simplesmente da verdade, procuro a verdade". E a luz da verdade, por si mesma, faz desaparecer os erros e faz resplandecer quanto é bom. E com esse princípio, ele purificou o pensamento grego e colocou-o em relação com o Evangelho. Esse princípio, que ele afirma na sua sétima carta, é também expressão de um verdadeiro espírito de diálogo: não buscar as coisas que separam, buscar a verdade na própria Verdade; depois, ela resplandece e faz desaparecer os erros.

Portanto, embora a teologia desse autor seja, por assim dizer, "sobrepessoal", realmente eclesial, nós podemos inseri-la no século VI. Por quê? O espírito grego, que ele pôs a serviço do Evangelho, encontrou-o nos livros de um certo Proclo, morto em 485 em Atenas: esse autor pertencia ao platonismo tardio, uma corrente de pensamento que tinha transformado a filosofia de Platão numa espécie de religião, cujo objetivo no final era criar uma grande apologia do politeísmo grego e retornar, após o sucesso do cristianismo, à antiga religião grega. Na realidade, queria demonstrar que as divindades eram as forças ativas do cosmos. Como consequência, devia considerar-se mais verdadeiro o politeísmo que o monoteísmo, com um único Deus criador. Proclo mostrava um grande sistema cósmico de divindades, de forças misteriosas, e para ele neste cosmos deificado o homem podia encontrar o acesso à divindade. Porém, ele distinguia os caminhos para os simples, que não eram capazes de se elevar aos píncaros da verdade para eles, certos ritos podiam ser também suficientes e os caminhos para os sábios, que contudo deviam purificar-se para chegar à luz pura.

Como se vê, esse pensamento é profundamente anticristão. É uma reação tardia contra a vitória do cristianismo. Um uso anticristão de Platão, enquanto já estava em ato um uso cristão do grande filósofo. É interessante que este Pseudo-Dionísio tenha ousado servir-se precisamente desse pensamento para mostrar a verdade de Cristo; transformar esse universo politeísta num cosmos criado por Deus, na harmonia do cosmos de Deus, onde todas as forças são louvor de Deus, e mostrar esta grande harmonia, esta sinfonia do cosmos que vai desde os serafins até aos anjos e arcanjos, ao homem e a todas as criaturas que, em conjunto, refletem a beleza de Deus e são louvor de Deus. Assim, transformava a imagem politeísta num elogio do Criador e da sua criatura. Desse modo, podemos descobrir as características essenciais do seu pensamento: ele é, em primeiro lugar, um louvor cósmico. Toda a criação fala de Deus e é um elogio de Deus. Dado que a criatura é um louvor de Deus, a teologia do Pseudo-Dionísio torna-se uma teologia litúrgica: Deus encontra-se sobretudo louvando-o, não somente refletindo; e a liturgia não é algo construído por nós, algo inventado para fazer uma experiência religiosa durante certo período de tempo; ela é cantar com o coro das criaturas e entrar na própria realidade cósmica. E precisamente assim a liturgia, na aparência apenas eclesiástica, torna-se ampla e grande, torna-se nossa união com a linguagem de todas as criaturas. Ele diz: não se pode falar de Deus de modo abstrato; falar de Deus é sempre, ele diz com a palavra grega, um "hymnein", um cantar para Deus com o grande canto das criaturas, que se reflete e se concretiza no louvor litúrgico. Todavia, embora sua teologia seja cósmica, eclesial e litúrgica, ela é também profundamente pessoal. Ele criou a primeira grande teologia mística. Aliás, a palavra "mística" adquire com ele um novo significado. Até àquele tempo, para os cristãos, essa palavra era equivalente à palavra "sacramental", ou seja, quanto pertence ao "mysterion", ao sacramento. Com ele, a palavra "mística" torna-se mais pessoal, mais íntima: exprime o caminho da alma para Deus. E como encontrar Deus? Aqui, observamos de novo um elemento no seu diálogo entre a filosofia grega e o cristianismo, de modo particular a fé bíblica. Aparentemente, quando afirma Platão e quando diz a grande filosofia sobre Deus é muito mais excelso, é muito mais verdadeiro; a Bíblia parece bastante "bárbara", simples e hoje dir-se-ia pré-crítica; mas ele observa que precisamente isso é necessário, porque assim podemos compreender que os conceitos mais elevados de Deus nunca chegam até à sua verdadeira grandeza; são sempre impróprios. Na realidade, essas imagens fazem-nos compreender que Deus está acima de todos os conceitos; na simplicidade das imagens encontramos mais verdade que nos grandes conceitos. O rosto de Deus é a nossa incapacidade de exprimir realmente o que Ele é.

Assim fala-se é o próprio Pseudo-Dionísio que o faz uma "teologia negativa". Podemos dizer mais facilmente o que Deus não é, do que dizer o que Ele verdadeiramente é. Só através dessas imagens podemos adivinhar seu verdadeiro rosto e, por outro lado, esse rosto de Deus é muito concreto: é Jesus Cristo. E não obstante Dionísio, seguindo nisto Proclo, nos mostre a harmonia dos coros celestes, de forma a parecer que todos dependem de todos, permanece verdadeiro que nosso caminho para Deus está muito longe dele; o Pseudo-Dionísio demonstra que, no final, o caminho para Deus é o próprio Deus, que se faz próximo de nós em Jesus Cristo.

E assim a teologia grande e misteriosa torna-se também muito concreta, quer na interpretação da liturgia, quer no discurso sobre Jesus Cristo: com tudo isso, este Dionísio Areopagita teve uma profunda influência sobre toda a teologia medieval, sobre toda a teologia mística, tanto do Oriente como do Ocidente, e foi quase redescoberto no século XIII, sobretudo por São Boaventura, o grande teólogo franciscano que nessa teologia mística encontrou o instrumento conceitual para interpretar a herança tão simples e tão profunda de São Francisco: com Dionísio, o Pobrezinho diz-nos, enfim, que o amor vê mais que a razão. Onde está a luz do amor, não têm mais acesso as trevas da razão; o amor vê, o amor é olho e a experiência oferece-nos mais que a reflexão. Boaventura viu o que é esta experiência, em São Francisco: é a experiência de um caminho muito humilde, muito realista, dia após dia, é este caminhar com Cristo, aceitando sua cruz. Nesta po-

breza e nesta humildade, na humildade que se vê também na eclesialidade, existe uma experiência de Deus que é mais excelsa do que aquela que se alcança mediante a reflexão: nela atingimos realmente o Coração de Deus.

Hoje existe uma nova atualidade de Dionísio Areopagita: ele manifesta-se como um grande mediador no diálogo moderno entre o cristianismo e as teologias místicas da Ásia, cuja nota característica está na convicção de que não se pode dizer quem é Deus; só se pode falar dele de formas negativas; de Deus só se consegue falar com o "não", e Ele somente é alcançado quando se entra nessa experiência do "não". E aqui vê-se uma proximidade entre o pensamento do Areopagita e o das religiões asiáticas: hoje ele pode ser um mediador, como o foi entre o espírito grego e o Evangelho.

Vê-se, assim, que o diálogo não aceita a superficialidade. Precisamente quando se entra na profundidade do encontro com Cristo, abre-se também o vasto espaço para o diálogo. Quando se encontra a luz da verdade, compreende-se que se trata de uma luz para todos; desaparecem as polêmicas e torna-se possível entender-se reciprocamente, ou pelo menos falar uns com os outros, aproximar-se. O caminho do diálogo consiste precisamente em estar próximo de Deus em Cristo, na profundidade do encontro com Ele, na experiência da verdade que nos abre à luz e nos ajuda a caminhar ao encontro do próximo: a luz da verdade, a luz do amor. E no fim de contas, diz-nos: percorrei o caminho da experiência, da humilde experiência da fé, todos os dias. Então, o coração torna-se grande e pode ver e iluminar também a razão, para que veja a beleza de Deus. Oremos ao Senhor a fim de que nos ajude, inclusive hoje, a pôr a serviço do Evangelho a sabedoria dos nossos tempos, descobrindo novamente a beleza da fé, o encontro com Deus em Cristo.

A VIRGINDADE

Muitos Padres da Igreja consideram a virgindade necessária para uma verdadeira experiência de Deus. É considerada como um sinal escatológica do reino de Deus, e quem segue o caminho da virgindade, tanto homens como mulheres, anuncia a chegada do reino e uma mais plena configuração com Cristo Jesus, esposo da alma. Se faz referências ao Cântico dos Cânticos. O símbolo esponsal é utilizado para manifestar a íntima união com Cristo, como a Igreja esposa se une a Cristo Jesus em sua virgindade e maternidade. Serão os Concílios de Elvira (306) e de Ancira (314) a estabelecerem algumas normas sobre o comportamento das virgens, mulheres que fizeram o voto e não são fiéis. As virgens consagradas são obrigadas a trazer o vestido branco com véu e podem viver na própria família ou também reunidas em grupos.

A castidade é praticada seja por mulheres como também por homens e se estende sempre mais dentro das comunidades.

Lentamente, mas em uma forma decisiva, a virgindade será sempre mais apreciada como imitação de Cristo Virgem, para se dedicar totalmente a ele na oração e em uma vida desapegada de todas as coisas materiais. Cristo, único amor. Santa Teresinha insiste dirigindo-se a Jesus "como meu único amor". O amor esponsal não admite concorrência, nada se deve antepor a Cristo Jesus.

Diante desse caminho dos primeiros tempos da Igreja pós-apostólica, o nascer do monaquismo com Antão, Basílio, Macário e o surgir da consagração das virgens podemos tirar algumas conclusões práticas, que nos ajudam a ver como dentro do coração humano a busca de Deus se realiza em um distanciamento voluntário das coisas da terra e em uma centralidade do amor a Cristo Jesus. Ele, o Verbo feito carne, que vindo habitar no meio de nós, fez-se modelo humano divino para cada pessoa que se decide seguir seu mandamento: "aquele que quiser me seguir, tome sua cruz e me siga... Abandone tudo e me siga..." (Lc 9,23). "Quem ama pai e mãe mais do que a mim não é digno de mim"(Mt 10,37-39). "Quem coloca mão no arado não deve voltar atrás" (Lc 9,62).

Podemos terminar esta parte da história da espiritualidade dos monges no deserto com algumas considerações que nos ajudam em nosso caminho:

A. Quem toma o caminho do deserto, seja homem como mulher, tem diante de si Jesus Cristo como modelo de vida e sente em seu coração o desejo de imitá-lo na oração, na solidão, na virgindade, em uma vida pobre, casta e tendo como única lei o evangelho.

B. A palavra de Deus se torna o caminho privilegiado para essas pessoas, especialmente o Novo Testamento. A recitação dos salmos é constante, e os que são analfabetos conhecem de memória algumas passagens bíblicas e as repetem como mantras, principalmente o *Kyrie eleison* e o *Christe eleison*, que mais tarde constituiu-se como a oração do coração.

C. Mesmo no deserto são movidos pelo amor ao próximo que nunca pode faltar. Eles, os monges e as monjas, sentem que devem rezar para os que estão longe de Deus, pela conversão dos pecadores, e quando podem dão uma parte do salário aos presbíteros, para que distribuam entre os mais pobres.

D. Colocam-se debaixo do ensinamento de alguns "ascetas" maduros e mais experientes nos caminhos de Deus, escolhem-o como mestre no caminho da virtude e nos conselhos para vencer as tentações do diabo.

E. Dedicam-se ao trabalho manual para se "autossustentar" e isso estará sempre presente na vida dos monges, para não serem peso na comunidade cristã. Imitam assim a vida de Jesus, antes de sua vida pública, que era Filho do carpinteiro.

F. Lutam contra os vícios, os pecados e lentamente se vão delineando os "vícios capitais", que depois serão apresentados em seu conjunto por São Gregório Magno.

G. Lutam constantemente contra si mesmos, os pensamentos negativos e especialmente contra a sensualidade. Os monges sabem que o inimigo, o diabo, aquele que afasta de Deus, esconde-se sob vestes de anjos, uma luta que deve ser permanente e que exige uma vigilância constante sobre si mesmo.

H. O monge é tal na medida em que segue Jesus Cristo, e para segui-lo é necessário não seguir outro modelo a não ser ele. Praticamente se vão fixando os três elementos: oração, trabalho e o "ócio" contemplativo, quer dizer o descanso no Espírito.

ANDAR NO DESERTO

Os monges não somente tomam o caminho do deserto físico, mas também o deserto entendido como espaço reservado ao encontro consigo mesmo. São para eles muito fortes as palavras do Salvador:

> *"Quando orardes, não sejais como os hipócritas, que gostam de orar nas sinagogas e nas esquinas das praças, em posição de serem vistos pelos outros. Em verdade vos digo: já receberam sua recompensa. Tu, porém, quando orardes, entra no teu quarto, fecha a porta e ora ao teu Pai que está no escondido. E o teu Pai, que vê no escondido, te dará a recompensa."* (Mt 6,5-6)

O entrar no próprio quarto, fechar a porta e rezar em segredo é o ideal de todo monge, seja homem ou mulher. Delineiam-se na espiritualidade três lugares preferenciais do encontro com Deus, onde é mais fácil sentir a presença do Deus vivo, onde o ser humano é ele mesmo e só ele, que se coloca no silêncio mais absoluto, na solidão, para escutar a voz do silêncio, que é o mesmo Deus.

A. O DESERTO: temos visto como os primeiros monges Antão, Pacômio e outros vendem tudo e se dirigem para o deserto do Egito, da Síria, para estar com Deus, ruminar a palavra de Deus e lutar contra os demônios.

B. A MONTANHA: na bíblia os profetas Moisés, Elias, ou mesmo Jesus, sobem à montanha para rezar, para estar com Deus, longe de todas as ocupações. Não se vai à montanha e nem ao deserto levando conosco "gps, Coca-Cola, internet..." esses instrumentos que hoje nos escravizam. Também no tempo da Igreja primitiva, o comércio, o dinheiro, os afetos etc., deviam ser deixados para subir à montanha, lugar preferido do encontro com o Absoluto.

C. A NOITE: a noite é o lugar onde Deus fala ao ser humano pelos sonhos. No silêncio da noite se faz mais presente o medo, a consciência de nossa fragilidade. Basta recordar Samuel. Deus o chama na noite, a luta entre o anjo de Deus e Jacó, ou mesmo os sonhos de José, o esposo de Maria. Também Jesus se retirou à noite, depois de uma jornada de intenso trabalho e "passou a noite toda em oração".

Estes três lugares são privilegiados na vida monástica, seja do oriente como do ocidente. Ir ao deserto para enfrentar e lutar contra o diabo, que sempre é derrotado, pela oração, pelo jejum e pela penitência. Esses três lugares sempre amados pelos místicos de todos os tempos, também hoje soam preferidos quando o ser humano quer se encontrar consigo mesmo, com Deus e com os outros. São espaços sagrados, onde o espírito humano e divino podem se encontrar em um diálogo que ultrapassa o tempo e nos obriga a perceber nossas fragilidades e enfermidades.

Deserto, montanha e noite são sempre uma referência na vida de quem, cansado do barulho, das preocupações, dos afazeres, quer reencontrar o caminho da verdadeira paz interior.

ORIENTE E OCIDENTE

O ser humano que vive no oriente, no ocidente ou em qualquer outro lugar do planeta, é sempre o mesmo, com sua exigência e suas fragilidades. O encontro pessoal com Cristo, fonte e plenitude da salvação, abre-lhe caminhos novos que seguem segundo também uma cultura, um "sentir e um viver" geográfico, impregnados do passado e de uma particular sensibilidade mental e espiritual. O cristianismo surge com uma mentalidade semítica feita de parábolas, de introspecções, de uma visão teocêntrica. Tudo depende de Deus e tudo nos leva novamente para Deus. Um movimento descendente e ascendente da espiritualidade. É difícil pensar no ser humano desligado da divindade, quer seja o povo de Israel ou outro povo oriental.

A difusão do cristianismo coloca no centro a pessoa de Jesus, Filho de Deus e Filho do homem, e se difunde no "oriente", pensamos no Egito, na Grécia, antes de chegar a Roma, como "caput mundi", "cabeça do mundo", para uma difusão mais ampla. O papa São João Paulo II, com uma frase famosa, sintetizou a interdependência do oriente e ocidente: "a Igreja tem dois pulmões, o oriente e o ocidente, e para respirar bem deve saber respirar bem com os dois".

Desde o início, oriente e ocidente sempre caminharam juntos e se comunicaram as próprias experiências. O ser humano é, por natureza, "viajor", peregrino, nômade. Santo Agostinho, com uma bela imagem, diz: "quem não viaja é como uma pessoa que lê só uma página de um livro, e quem viaja lê o livro todo".

É interessante constatar como as notícias dos monges do deserto se difundem e chegam também ao ocidente, onde alguns eremitas buscam a solidão para se dedicar ao trabalho da oração, da liturgia, do louvor a Deus, o que será chamado de "opus Dei".

Como temos sublinhado, o monaquismo surge de uma fragilidade e um resfriamento dos valores essenciais do *Kerigma*. A mundanidade entra nas comunidades cristãs e como reação homens e mulheres buscam uma vida austera de oração e de penitência. O mesmo acontecerá com o ocidente. Vivemos na Igreja um período – a chamada Idade Média – em que a riqueza, a mundanidade são presentes não só nos simples cristãos, mas sim também na liderança da Igreja. O Papa, os Bispos, o clero, visam mais a riqueza que o pastoreio das almas. Os bons pastores são poucos e os maus pastores não vigiam sobre o rebanho que lhe é confiado e quando veem o lobo fogem.

Principalmente no ocidente se percebe a influência de Agostinho e de Cassiano, mas foi Cesário de Arles, monge e Bispo de Lérins, que escreveu as primeiras Regras monásticas, inspirando-se nos monges do deserto, com particular atenção a Pacômio.

Neste início do monaquismo ocidental merece uma particular atenção São Martinho de Tours, de quem celebramos a memória na Igreja universal no dia 11 de novembro.

A Idade Média é um largo período que, segundo a maioria dos estudiosos, vai do fim do século V até o séc. XVI. Abrange um período mais ou menos de mil anos. É a passagem da cultura greco-romana antiga para uma corrente nova de um "despertar" de uma nova maneira de viver, de pensar. Isso não acontece somente no âmbito político, mas também no âmbito teológico e religioso. A Igreja se encontra na situação de enfrentar novos movimentos e se vê obrigada à nova aliança também política, que a enfraquece religiosamente.

SÃO MARTINHO DE TOURS

Pagão, militar, cristão, Bispo. Um longo caminho em sua vida. Nasce no ano 316 e morre em 397. É com ele que podemos dizer que se abre uma nova página da história, a página da Idade Média. Esse período, que não possui uma boa fama, mas é uma visão injusta, podem-se distinguir vários momentos: a invasões barbáricas, as cruzadas, o movimento de renascimento da vida cristã e monástica.

Iremos ver os cursos e recursos da história, quando se chega a máximo nível de riqueza, de expansão, segue um período de decadência e, depois da decadência, segue uma retomada de certos valores fundamentais.

São Sulpício Severo, ao redor do ano 420, escreve a vida de Martinho que, deixando a vida militar, se torna eremita itinerante. Depois de sua nomeação como Bispo de Tours, dedica-se a sua missão de pastor, mas é sempre centrado na vida monástica com um grupo de monges a seu redor. Martinho é um monge que vive seu martírio "incruento", isto é, sem derramamento de sangue, um martírio vivido na oração e na penitência. A ascese produz três virtudes na vida de quem a pratica com fidelidade: purificação dos pecados e dos vícios, merecimento diante de Deus no seguimento da Paixão de Cristo e força para vencer as tentações. É famoso o gesto de Martinho, que reparte seu manto com um pobre.

Das Cartas de Sulpício Severo

Martinho soube com muita antecedência o dia da sua morte e comunicou aos irmãos estar iminente a dissolução de seu corpo. Entretanto, surgiu a necessidade de ir à diocese de Candax, pois os eclesiásticos desta Igreja estavam em discórdia. Desejando restabelecer a paz, embora não ignorasse o fim de seus dias, não recusou partir, julgando que seria um excelente fecho de suas obras deixar a Igreja em paz.

Demorou-se por algum tempo na aldeia e na igreja aonde fora, e a paz voltou para os clérigos. Quando já pensava em regressar ao mosteiro, começaram de repente a faltar-lhe as forças e, chamando os irmãos, disse-lhes que ia morrer. Diante disso todos se entristeceram grandemente, chorando e dizendo, a uma só voz: "Por que, pai, nos abandonas? A quem nos entregas, desolados? Lobos vorazes invadem teu rebanho; quem, ferido o pastor, nos livrará de seus dentes? Sabemos que desejas a Cristo, mas teus prêmios já estão seguros e não diminuirão com o adiamento! Tem compaixão de nós, a quem desamparas!"

Comovido com estas lágrimas, ele que sempre possuíra entranhas de misericórdia, também chorou, segundo contam. Voltando-se então para o Senhor, respondeu aos queixosos somente com estas palavras: "Senhor, se ainda sou necessário a teu povo, não recuso o trabalho. Que se faça tua vontade".

Que homem incomparável! O trabalho não o vence, a morte não o vencerá! Ele, que não se inclinava para nenhum dos lados, não temeria morrer e nem recusaria viver! No entanto, olhos e mãos sempre erguidos para o céu, não abandonava a oração o espírito invicto; e quando os presbíteros, que se haviam reunido junto dele, lhe pediram aliviar o frágil corpo, virando-o para o lado, disse: "Deixai-me, deixai-me, irmãos, olhar para o céu de preferência à terra, para que o espírito já se dirija ao caminho que o levará ao Senhor". Dito isto, viu o demônio ali perto. "Por que estás aqui, fera nefasta? Nada em mim, ó cruel, encontrarás! O seio de Abraão me acolhe".

Com essas palavras entregou o espírito ao céu. Martinho, feliz, é recebido no seio de Abraão; Martinho, pobre e humilde, entra rico no céu. (Epist. 3,6.9-10.11.14-17.21: SCh 133,336-344) (séc. V)

11

A IDADE MÉDIA

Segundo os historiadores, a Idade Média começa no ano 476 e termina em 1492, com a colonização da América. São mil anos em que muitas coisas acontecem, boas e ruins. As invasões barbáricas, as guerras internas entre facções enfraquecem o espírito da mesma Igreja. A economia é frágil, aumenta a pobreza. Mas não devemos ver esse período com os olhos negativos, tem também um renascer da vida monástica, uma preocupação dos Papas em retomar o caminho das virtudes, surgem Ordens de cavalarias em defesa da fé.

Um período que ainda hoje suscita interesse e os estudiosos se dividem em colocar em evidência os lados negativos e os lados positivos. É um jogo de luzes e de trevas.

Não se pode negar o extremismo da defesa da fé, da inquisição e da caça às bruxas, que são queimadas como hereges em praças públicas. O período da Idade Média vê o nascer da Ordem Beneditina, que terá o grande merecimento de salvar a cultura, a liturgia e a drenagem dos brejos e transformar os terrenos ao redor dos mosteiros em terrenos férteis. Nesse período temos uma alta mortalidade infantil, e o povo abandona a roça para se transferir às cidades. A Idade Média será recordada pela peste negra, que mata milhões de pessoas.

Mas quem são os grandes dessa Idade Média, que marcam com a própria vida e com os próprios escritos o povo e a Igreja? Como nós podemos ver há uma mudança na vivência da fé e uma continuidade no seguimento de Cristo Jesus? As mudanças políticas, sociais, determinam também as mudanças religiosas.

Muitas são as figuras que influenciaram esse período histórico. Nós nos limitaremos a uma simples visão. Hoje em dia existem estudos exaustivos sobre os vários santos e várias santas desse tempo.

SÃO BENTO DE NÚRSIA (480-547)

É considerado o Pai do monaquismo ocidental. Nasce em uma rica família, é educado nas letras em Roma, estuda retórica, sente-se perturbado pelo ambiente de estudo, da sociedade e da mesma Igreja, que vive com ventos de heresias de todos os lados. Retira-se na solidão em Subiaco. Seu gesto é conhecido imediatamente e muitos jovens sentem-se atraídos por esse exemplo e se unem a Bento. Não tem nenhuma estrutura ou Regra. Em 529 abandona Subiaco e se transfere ao Monte Cassino, onde funda seu primeiro mosteiro. Escreve uma Regra e envia seus monges a fundar outros mosteiros. As notícias que nós temos as recebemos por meio de São Gregório Magno, Papa, que era beneditino. Na Regra, São Bento estabelece a vida comunitária baseada sobre a oração e o trabalho, e a "opus Dei", que é a liturgia. A *lectio divina* terá, desde o início, uma importância particular. Coloca como base da vida monástica por ele idealizada a obediência ao Abade, e os monges deverão ficar no próprio mosteiro, evitando de ser "girovagos", que passam de mosteiro em mosteiro, perturbando a quietude da vida monástica. O abade é o verdadeiro educador, mas também exerce uma autoridade jurídica sobre o mosteiro, sobre os trabalhadores e sobre os bens do mesmo mosteiro. Bento vê que o mais importante é a caridade, a acolhida dos hóspedes, que são o próprio Cristo. A união do trabalho-oração constitui um novo elemento do monaquismo. Aos beneditinos todos somos devedores, por terem salvado a cultura e por terem dado início a uma vida monástica cenobítica. O monge, em sua vida cotidiana, busca a Deus presente na escritura e no trabalho e oferece a Deus seu louvor, sendo um ponto referencial para o mesmo povo, que trabalha nas dependências do mosteiro. Lentamente as abadias se expandem por muitos lugares e tornam-se sinal também do poder civil religioso.

SÃO GREGORIO MAGNO (540-604)

A Igreja lhe confere o nome de "magno, grande", por sua importância, seja como Papa, seja como monge. Sua produção literária é, podemos dizer, imensa. Escreve 850 cartas, uma exposição sobre Jó e comentários vários, uma Regra pastoral para os sacerdotes, algumas reflexões sobre o evangelho e os famosos diálogos. Santa Teresa d'Ávila meditará com proveito os escritos de São Gregório Magno. Nasce em uma família rica em Roma. Em 570 o encontramos governador de Roma, e em 575 transforma sua casa em um verdadeiro mosteiro. Exerce várias missões em nome da Igreja, é ordenado diácono pelo papa Pelágio II, em 590 é eleito Papa. Dedica-se com empenho a restaurar a Igreja fragilizada por tantas situações externas e internas. Preocupa-se com a santidade pessoal dos pastores. Gregório tem bem presente a missão da vida ativa e da vida contemplativa: "a vida ativa consiste em procurar pão aos que têm fome, corrigir os erros, visitar os enfermos... a vida contemplativa é viver com toda a alma o amor a Deus, abster-se de toda preocupação terrena e permanecer centrado em Deus". Seu ministério de Papa o dedica a essa restauração da Igreja e do povo de Deus. Sempre traz em seu coração a exigência monástica e contemplativa.

MÁXIMO, O CONFESSOR (580-662)

Máximo, chamado o confessor, é muito importante como ponte entre o monaquismo oriental e ocidental. É dos mais importantes teólogos orientais, busca uma profunda Cristologia. O conhecimento de Deus para ele segue dois caminhos, que podem parecer contraditórios, mas na realidade se completam reciprocamente. Não podemos conhecer totalmente a Deus, aquele que é totalmente outro, e o podemos conhecer no mistério da encarnação. Ele luta contra a tendência "monotelita", onde se dizia que em Jesus não existe a vontade humana, mas só a vontade divina. Leva à frente positivamente o pensamento da gnose. Para os monges escreve uma norma de vida para que tudo possa prosseguir harmoniosamente. A vontade humana deve ser sempre orientada para a vontade divina, por meio da vivência das virtudes teologais. A vontade humana, orientada pelo Espírito Santo, deve levar-nos ao mais perfeito, por isso se faz necessária uma vida de oração, de penitência e de louvor litúrgico a Deus. É interessante sua insistência sobre a caridade, amor para com Deus, e através do mistério da encarnação podemos conhecer o amor concreto do Filho de Deus. Jesus é o centro de sua visão teológica e o monge busca com sua vida só o Senhor Jesus e nada mais.

O MONAQUISMO IRLANDÊS

Com São Patrício (385-461) surge o monaquismo irlandês, que tem uma particularidade importante: a missionaridade. Sua vida é cheia de aventura. Descendente de uma nobre família Romana, em sua infância é pastor, aos 16 anos alguns piratas o escravizam, fica no cativeiro do rei irlandês e aprende a língua céltica, os costumes e a mitologia. Dentro de seu coração decide ser cristão. Livre, recebe o diaconato e no ano 420 é consagrado Bispo. O papa Celestino pede-lhe para evangelizar a Irlanda. O estilo de sua evangelização é interessante. Podemos falar de uma autêntica inculturação, une muito elementos cristãos com os elementos célticos. É muito amado por todo o mundo, não só irlandês, mas também de origem inglesa. Em sua festa, dia 17 março, todos levam uma folha de trevo na lapela, para indicar como Patrício explicava o mistério trinitário, uma única folha em três folhas. Com ele difundiu o monaquismo não somente na Irlanda, mas também em outros países limítrofes. Famosa é a bênção de São Patrício, mesmo que nem todos concordem que seja de sua autoria. Escreve uma grande carta que consideram a confissão de sua vida.

Bênção de São Patrício

Que o caminho venha ao teu encontro. Que o vento sempre venha pelas tuas costas e a chuva caia suave sobre teus campos. Que vivas todo o tempo que quiseres, e que sempre possas viver eternamente. Lembra sempre de esquecer as coisas que te entristeceram, porém nunca esqueças de lembrar aquelas que te alegraram. Lembra sempre de esquecer os amigos que se revelaram falsos, porém nunca esqueças de lembrar aqueles que permaneceram fiéis. Lembra sempre de esquecer os problemas que já passaram, porém nunca esqueças de lembrar as bênçãos de cada dia. Que o dia mais triste de teu futuro não seja pior que o dia mais feliz de teu passado. Que o teto nunca caia sobre ti e que os amigos reunidos debaixo dele nunca partam. Que sempre tenhas palavras cálidas em um anoitecer frio, uma lua cheia em uma noite escura e que o caminho sempre se abra à tua porta. Que vivas cem anos, com um ano extra para arrepender-te. Que teus vizinhos te respeitem, os problemas te abandonem, os anjos te protejam e o céu te acolha. E que a sorte das colinas irlandesas te abrace. Que as bênçãos de São Patrício te contemplem. Que teus bolsos estejam pesados e teu coração leve. Que a boa sorte te persiga, e a cada dia e cada noite tenhas muros contra o vento, um teto para chuva, bebidas junto ao fogo, risadas que consolem aqueles que amas e que teu coração se preencha com tudo o que desejas. Que Deus esteja contigo e te abençoe, que veja os filhos dos filhos de teus filhos, que o infortúnio te seja breve e te deixe rico de bênçãos. Que, deste dia em diante, não conheças nada além da felicidade. Que Deus te conceda muitos anos de vida. Certamente Ele sabe que a terra não tem suficiente quantidade de anjos. Que Ele te guarde em sua mão e não aperte muito seus dedos. Amém.

O VENTO DA RENOVAÇÃO

São Bento funda seus mosteiros debaixo da mesma Regra, mas o Abade possui certa liberdade de organizar o próprio mosteiro. Lentamente se vai delineando uma visão comum, mas com algumas diferenças, que não empobrece a Ordem, mas sim a tornam mais viva. A pluralidade não é pobreza, é uma riqueza, mesmo que sejam necessários séculos para que essa ideia se torne aceita por todos. Nem todos os ramos da videira são iguais, embora pertençam todos à mesma videira (Jo 15). Cada ramo produz frutos segundo sua capacidade.

Bento de Aniane (750-821) se torna monge no ano 774 e funda o mosteiro encravado nos Pirineus, aproxima-se à Regra de São Pacômio e considera a Regra de São Bento muito relaxada. Ele instaura um estilo de vida mais penitente, dando mais espaço à liturgia e inicia uma espécie de *lectio divina*. A palavra de Deus é pão cotidiano que une a comunidade, seja na fraternidade, na oração ou no trabalho. Sua iniciativa se expande por vários países. Insiste em sua Regra na humildade, a castidade do corpo como templo vivo do Deus vivo. O monge deve abster-se de toda palavra inútil, salmodiar continuamente e meditar a escritura.

A NOVIDADE DE CLUNY

Quem busca de verdade a Deus é inquieto e nunca está satisfeito, mas o medíocre, que nunca falta, busca na vida consagrada "comodidade, conforto e luxo", vai enfraquecendo a vida de oração, de comunidade e missão. Os grupos de quem busca a Deus e o grupo dos medíocres se enfrentam muitas vezes silenciosamente, e não raramente na história acontecem separações, nascendo assim uma reforma dentro da mesma reforma. O caso mais típico é a reforma de Cluny, França, que toma o nome do vilarejo onde surgiu uma famosa abadia. Os monges devem ser pessoas convertidas e alimentarem-se de uma verdadeira busca de Deus, de oração, de penitência, uma vida austera. O primeiro abade e fundador Abade Bernão (Abade entre 910-927) coloca o mosteiro sob a direta proteção do Papa, um método para que seja livre do poder dos leigos e dos Bispos. Os monges passam o tempo no trabalho, na oração pessoal, meditando a escritura e na liturgia. Uma vida difícil, dura, que, com o passar dos séculos, também conhece um resfriamento nas práticas de piedade.

SÃO PEDRO DAMIÃO (1007-1072)

Sua primeira formação acontece na cidade de Ravena. Entra no mosteiro de Fonte Avellana e, em 1044, é eleito Prior desse mosteiro. Uma vez feito Cardeal se dedica, com empenho incessante, à reforma da mesma Igreja e da vida monástica. Luta contra o relaxamento da vida de quem quer seguir Jesus pobre, obediente e casto. Dá muita importância à liturgia, à oração e à penitência corporal. Escreve e procura com todos os meios reorganizar a vida do clero, combate a ignorância dos sacerdotes e os maus costumes que entraram na vida sacerdotal. Embora aceite a vida cenobítica, comunitária, tem uma preferência pela vida eremítica, que é considerada como um antecipo da vida do paraíso. Pedro Damiani ensina também o encontro com Deus por meio da contemplação da natureza. Ele mesmo vê em todo o criado um caminho para a contemplação e, ao mesmo tempo, convida a uma contemplação que não escravize o espírito. Procura, por meio da oração, alcançar um equilíbrio psicológico. No caminho espiritual, insiste no amor ao Espírito Santo, que conduz ao conhecimento de Deus. O eremitério se torna um "cenáculo", onde o monge celebra a Páscoa com seu Senhor.

SÃO ROMUALDO FOGE PARA OS MONTES

São Romualdo (950-1027) no ano 1010 adapta a Regra Beneditina a uma vida eremítica. Será, porém, o Beato Rodolfo que fará uma boa síntese da Regra Beneditina, segundo o espírito eremítico. Entra como monge no mosteiro beneditino de São Apolinário para reparar um homicídio praticado por seu pai. Homem inquieto, busca sempre lugares solitários para seu encontro com Deus. Nós o encontramos na Espanha e em sua volta à Itália recebe como doação perto de Arezzo uma grande extensão de terreno e de bosque, chamados Camaldoli, onde constrói um mosteiro, com características mais eremíticas que cenobíticas. Os monges vivem em celas separadas e espalhadas pelo bosque, encontram-se somente para a liturgia e raramente para outros encontros comunitários. Atualmente Camaldoli é um ponto referencial para o ecumenismo e encontros inter-religiosos. Quando visitei esse belíssimo lugar havia ainda o monge "enclausurado", que vivia enclausurado na cela para sempre, sem mais sair. A São Romualdo se deve essa reforma eremítica-cenobítica no ramo beneditino.

JOÃO DE FECAMP (1017-1076 data de nascimento e morte são incertas)

Nasce e cresce em Ravena, até que se transfere ao mosteiro de São Benigno em Dijon, França, e depois ao mosteiro de Fecamp em 1017. Monge viajante, morre na Itália no ano 1076. No centro da vida monástica e do monge coloca a pessoa de Jesus. Uma teologia Cristocêntrica, que se alimenta da *lectio divina*, da meditação constante da palavra de Deus. É interessante notar como os monges têm essa preferência pela palavra de Deus, seja na oração pessoal como na liturgia. Uma mística teológico-afetiva pervade os escritos de João de Fecamp. Invoca o Senhor Jesus e toda a sua contemplação nasce de seu encontro orante com Jesus, centro de toda a sua vida. Sem a presença de Cristo, a vida do monge é puro vazio interior. O que dá sentido à vida de quem escolhe ser monge é a oração e o diálogo afetivo com seu Senhor. "Eis-me aqui, com minha miséria e cheio de aflições: tenho medo de minha vida, considerando meus pecados, enquanto tenho medo do teu juízo! Tu estás aqui, Senhor, para consolar-me com tua ternura de sempre!" João de Fecamp tem como merecimento ter unido a oração pessoal como caminho contemplativo na espiritualidade beneditina.

CARTUXOS

Não podemos esquecer, em nossa rápida olhada, o movimento mais interessante nesse período, que é a fundação dos Cartuxos. O fundador, São Bruno (1030-1102), em 1084 funda um mosteiro na região de Grenoble, chamado La Chartureuse, daí o nome de Cartuxos. O papa Urbano II, que era seu discípulo, chama-o para Roma, mas fica por pouco tempo. O desejo da solidão e do silêncio o leva a fundar um outro mosteiro na Calábria, onde morreu no dia 6 de outubro de 1102.

A característica fundamental da vida Cartuxa é o silêncio, a solidão mais absoluta. A obediência é o voto que, naquele tempo, todos os religiosos faziam, mas quando se fala de silêncio, separação do mundo e solidão, no ocidente se pensa logo nos Cartuxos. O mesmo São João da Cruz, em sua "crise de identidade", no período de relaxamento do Carmelo, tinha pensado em se tornar cartuxo, em uma das Cartuxas de Espanha. A sorte foi que encontrou Santa Teresa d'Ávila, que o convenceu a mudar seu projeto da Cartuxa e acolher seu novo projeto de reforma dos Carmelitas... e assim será o primeiro Carmelita Descalço.

O silêncio e a solidão tão absoluta não se encontram no seguimento da vida de Jesus, mas têm uma motivação: o cartuxo quer entrar no mistério do Verbo no seio do Pai, onde existe somente silêncio amoroso. Será o mesmo João da Cruz que diz: *"Uma palavra falou o Pai, que foi o Seu Filho, e di-la sempre em eterno silêncio, e em silêncio há de ser ouvida pela alma." (Ditos de luz e amor.)*

Uma vida interior necessita de um caminho longo e de um forte equilíbrio psicológico. São Bruno deixa algumas cartas. A Regra e as Constituições serão obra de Guigo I. Tudo na vida do cartuxo fala de Deus. O silêncio é um silêncio "amoroso", a linguagem que somente Deus conhece. É no ambiente cartusiano que nasce também a devoção à Virgem Maria, a mulher toda silêncio, que acolhe em seu seio o Verbo Eterno, que deixa seu silêncio eterno e se faz presente em nosso meio.

O caminho Cartusiano

"Separados de todos, estamos unidos com todos, pois é em nome de todos que estamos na presença do Deus vivo." (Estatutos 34.2)

1. A finalidade

Ó Bonitas! Ó Bondade de Deus! Tal foi o grito de euforia que jorrou do coração de Bruno, inflamado de amor divino. O objetivo exclusivo do caminho cartusiano é a contemplação: pelo poder do Espírito, viver o mais continuadamente possível à luz do amor de Deus por nós, manifestado em Cristo. É entrar numa relação íntima, profunda e contínua com Deus a fim de "descobrir a imensidão do amor" (Estatutos 35.1). Isso pressupõe em nós pureza de coração e caridade: "Bem-aventurados os puros de coração, porque verão a Deus" (Mt 5,8). A tradição monástica também chama a esse objetivo oração pura ou contínua.

Mas a entrada em repouso contemplativo pressupõe um longo percurso. O monge "não pode entrar nesse descanso sem passar pela prova de uma dura luta: são as austeridades a que se aplica como pessoa familiar da Cruz, ou as visitas do Senhor, que veio para o testar como ouro no fogo. Assim, purificado pela paciência, alimentado e fortalecido pela meditação assídua das Escrituras, introduzido pela graça do Espírito Santo nas profundezas do seu coração, ele será doravante capaz não só de servir a Deus, mas também de aderir a Ele" (Estatutos 3.2).

Toda a vida monástica, portanto, consiste nesta caminhada para Deus, e todos os valores da nossa vida são dirigidos para esse objetivo. Ajudam o monge a unificar sua vida na caridade e introduzem-na nas profundezas do seu coração. Na verdade, não é esse objetivo que nos distingue de outros monges contemplativos (beneditinos, cistercienses...), mas o caminho que tomamos. As características essenciais do caminho cartusiano são: solidão, uma certa dose de vida comunitária, e uma liturgia adaptada. Essa é a espiritualidade do deserto.

Partilhamos certos valores monásticos com os outros monges contemplativos, por exemplo: ascese (vigílias e jejuns), silêncio, trabalho, pobreza, castidade, obediência, escuta da Palavra, oração regular, humildade. E temos outros valores que nos são próprios.

2. A solidão

A primeira característica essencial da nossa vida é a vocação à solidão, à qual estamos especialmente chamados. O monge cartuxo procura a Deus na solidão.

«O nosso principal empenho e a nossa vocação são principalmente a dedicação ao silêncio e à solidão da cela. Ela é a terra santa, o lugar onde Deus e seu servo se entretêm em frequentes colóquios, como acontece entre amigos. Ali, frequentemente a alma fiel se une ao Verbo de Deus, a esposa ao Esposo, a terra ao céu, o humano ao divino» (Estatutos 4.1). Porém o cartuxo não escolheu a solidão por si mesma, mas porque vê nela um excelente meio, para ele, para chegar a uma maior união com Deus e com todos os homens. A solidão cartusiana é vivida a três níveis: a separação do mundo, a guarda da cela e a solidão interior ou do coração.

A separação do mundo realiza-se pela clausura. Só saímos do mosteiro para o "espaciamento" (passeio semanal). Não recebemos visitas e não exercemos nenhum apostolado no exterior. Não temos nem rádio nem televisão no mosteiro. É o Prior que recebe as notícias e transmite aos monges o que não devem ignorar. Assim se encontram reunidas as condições necessárias para que se desenvolva o silêncio interior que permite à alma permanecer atenta à presença de Deus.

A cela é uma ermida equipada para assegurar ao cartuxo uma solidão tão completa quanto possível, assegurando-lhe totalmente as necessidades da vida. Cada cela consiste numa vivenda de dois andares rodeada por um jardim, onde o monge permanece sozinho a maior parte do dia, durante toda a sua vida. É por causa dessa solidão que cada uma das nossas casas é chamada 'deserto' ou 'eremitério'.

A clausura e a guarda da cela apenas asseguram uma solidão exterior. Não é mais que um primeiro passo que procura favorecer a solidão interior, ou pureza do coração: ter o seu espírito afastado de tudo o que não é Deus ou não conduz a Deus. É nesse nível que o cartuxo encontra os caprichos da sua imaginação e as flutuações da sua sensibilidade. Enquanto o monge discute com o seu 'eu', as suas sensibilidades, os seus pensamentos inúteis, os seus desejos irreais, ainda não está centrado em Deus. É aqui que ele faz a experiência da sua fragilidade e do poder do Espírito e que aprende pouco a pouco «...o hábito da escuta tranquila do coração que permite a Deus penetrar nele por todos os caminhos e todos os acessos» (Estatutos 4.2).

Acolhimento? As celebrações litúrgicas na Chartreuse não têm uma finalidade pastoral. Isso explica porque é que as pessoas de fora da Ordem não estão autorizadas a participar nos cultos ou na Missa celebrada na igreja dos nossos mosteiros. Devido à nossa vocação de solidão, o acolhimento é limitado às famílias dos monges (dois dias por ano) e aos aspirantes à nossa vida, a quem chamamos probantes.

3. Uma comunhão de solitários

"A graça do Espírito Santo reúne os solitários para fazer deles uma comunhão no amor, à imagem da Igreja, uma só e espalhada por toda a parte" (Estatutos 21.1). A originalidade da cartuxa vem, em segundo lugar, da parte da vida comum que está indissoluvelmente ligada ao aspecto solitário. Foi o golpe de gênio de São Bruno, inspirado pelo Espírito Santo, ter sabido desde o início combinar uma justa proporção de vida solitária e comum, de modo a fazer da cartuxa uma comunhão de pessoas solitárias para Deus. Solidão e vida fraterna equilibram-se mutuamente. A vida comum permite que o mosteiro funcione, mas é também um elemento importante na verificação da autenticidade da nossa caridade, pois de outra forma seria fácil para os solitários viver na ilusão.

A vida comunitária toma forma diariamente por meio da liturgia cantada na igreja, um trabalho de equipe para a glória de Deus. Em dias normais realiza-se três vezes por dia: reunimo-nos na igreja à meia-noite para o longo culto noturno (que inclui Matinas e Laudes), para a Missa conventual de manhã e para as Vésperas à tarde.

Os domingos e as solenidades são dias mais comunitários: rezamos quase todos os ofícios na igreja, tomamos juntos a refeição do meio-dia, em silêncio, no refeitório (escutando uma leitura) e de tarde temos a reunião no capítulo, onde são tratadas as coisas de interesse comum, e a recreação semanal. Além disso, no primeiro dia livre da semana tem lugar uma longa caminhada de cerca de quatro horas (o espaciamento), durante a qual podemos falar livremente, o que nos permite conhecer-nos melhor e ajudar-nos. Algumas vezes por ano tem lugar uma recreação comum, onde padres, irmãos e noviços se encontram juntos.

Essas recreações e espaciamentos destinam-se a manter o afeto mútuo e a promover a união dos corações, assegurando ao mesmo tempo um bom relaxamento físico.

4. No coração da Igreja e do mundo

O louvor

É entrando nas profundezas do seu coração que o cartuxo solitário se torna, em Cristo, presente a todos os homens. Torna-se solitário porque quer ser solidário. Os Contemplativos estão no coração da Igreja. Cumprem uma função essencial da comunidade eclesial: a glorificação de Deus. O cartuxo retira-se para o deserto sobretudo para adorar a Deus, para o louvar, para o contemplar, para se deixar seduzir por ele, para se entregar a ele, em nome de todos os homens. É em nome de todos que ele é mandatado pela Igreja para ser uma presença permanente em oração.

A intercessão

A Igreja sempre reconheceu que os monges dedicados apenas à contemplação têm um papel de intercessão. Representando toda a criação, todos os dias, em todos os ofícios litúrgicos e durante a celebração da Eucaristia, rezam por todos os vivos e por todos os mortos.

A penitência

A abordagem ascética associa o monge cartuxo à obra de Cristo para a salvação do mundo: "Através da penitência participamos na obra redentora de Cristo. Ele salvou o gênero humano, cativo e escravizado pelo pecado, especialmente por sua oração ao Pai e por sua imolação; esforçando-nos para sermos associados a esse aspecto mais profundo da redenção, e apesar da nossa abstenção da atividade visível, exercemos o apostolado de forma eminente" (Estatutos 34.4).

Testemunho

"Por nossa profissão, dirigimo-nos unicamente àquele que é, e damos testemunho ao mundo, demasiado absorvido pelas realidades da terra, de que, para além dele, não há Deus. A nossa vida mostra que os bens do céu já estão presentes aqui na terra; é um prenúncio da ressurreição e uma antecipação do universo renovado" (Estatutos 34.3). Para a pessoa solitária, a apresentação de tal testemunho não é conseguida por palavras ou contato pessoal. Só por sua presença, o monge testemunha que Deus existe e que ele pode preencher uma vida e encher o coração do homem.

O monge está a serviço dos homens, assumindo profunda e incessantemente perante Deus essa humanidade ferida que ele carrega dentro de si. Útil, não no sentido que o mundo dá a essa palavra, mas na ressonância da vida divina no homem. O cartuxo destaca-se das coisas deste mundo para viver mais perto de Deus. Ele situa-se mais na ordem do ser (ser para Deus) do que na do fazer. O homem que vive em Deus e dele, traz consigo a humanidade porque "toda a alma que se eleva, eleva o mundo". (Venerável Isabel Leseur) (https://chartreux.org/moines/pt/o-caminho-cartusiano/)

ESPIRITUALIDADE CISTERCIENSE

A espiritualidade semeada pelas intuições de São Bento no coração dos monges não deixa de nos surpreender. A Regra de

Bento se dividiu em tantos outros ramos. Depois do movimento de São Bruno, que foge para lugares isolados para permanecer mergulhado no silêncio e na solidão – e somente em alguns momentos o monge sai do seu silêncio para ver os irmãos, na celebração da liturgia, e depois volta a seu silêncio, a seu eremitério, no qual pode dedicar-se à leitura da palavra de Deus, ao trabalho, e também no seu pequeno jardim –, pode cultivar verduras para o uso dos mesmos monges.

A espiritualidade dos Cistercienses toma o nome do lugar onde surge o primeiro mosteiro, por obra de Roberto de Solesmes, em Citaux, em 1098. Muitos são os monges famosos que permitem a difusão desse movimento. De modo particular será Bernardo que enriquecerá o mosteiro, quando chega com trinta companheiros, todas pessoas instruídas e que tinham o grande desejo de buscar a Deus.

Com a carta de Santo Stefano Hariding, em 1112, separam-se da espiritualidade de Cluny e começa-se um novo movimento independente, que busca mais harmonia entre solidão, penitência e vida comunitária. Os mosteiros serão sempre fundados em lugares "separados do mundo", em lugares de difícil acesso e silenciosos. O monge é sempre um solitário, que busca a Deus, e tudo deve ser orientado a este encontro que acontece na oração e na contemplação. A mesma liturgia será muito simplificada, para que o monge tenha tempo necessário para o trabalho, o estudo e a contemplação. Esse equilíbrio ajuda muito a fazer com que o movimento cisterciense tenha até hoje uma importância, especialmente pela releitura que fez da vida monástica o grande monge Tomas Merton, com sua vida e seus escritos.

A Ordem dos Trapistas trouxe um novo Pentecostes à vida da Congregação Beneditina. Surgiu por obra de Armand Jean le Bouthillier (1626-1700), um homem que viveu uma vida difícil, mas que, após convertido, fundou uma comunidade em Notre Dame de la Trape, um ramo de estrita observância. Mas tudo isso deve ter uma certa flexibilidade, para se adaptar às novas exigências que, podem surgir no caminho. Uma espiritualidade que parte do "ora et labora" de São Bento, mas busca também caminhos novos. São novas expressões do monaquismo ocidental, mistura de novidade e de saudade do passado. Estrita observância será um tema que vamos encontrar sempre nos movimentos reformistas dentro da Igreja. Se quisermos ser mais compreensíveis, são os cursos e recursos da história do "nihil novum subsole", "nada de novo debaixo do sol".

SÃO BERNARDO DE CLARAVAL

Nasce na Borgonha, ao redor do ano 1090, e entrou no mosteiro de Citeaux no ano 1012, com um grupo de parentes e amigos. É uma pessoa muito inteligente, com espírito complicado e com um desejo de "mandar", possui uma forte liderança. Será enviado para a fundação de CLAIRVAUX. Sua influência é particularmente notável, seja por seus escritos, seja por sua inteligência, que o coloca no topo de seu tempo como teólogo, conselheiro do Papa e de Bispos, uma grande capacidade diplomática para curar feridas dentro da mesma Igreja. Escreve um dos mais belos comentários ao Cântico dos Cânticos, expressa grande ternura em seus escritos sobre a Virgem Maria, defende a vida monástica. Trata-se de um autor fecundo, que ainda hoje suscita interesse por sua espiritualidade e mística. Bernardo não para de viajar, levando por onde passa admiração. É um vento de novidade, conhece muito bem o passado, por isso traça uma ponte entre passado e presente. O amor esponsal entre Deus e o ser humano precede em um certo sentido a profundidade desse tema, que mais tarde tratará de maneira exaustiva São João da Cruz.

Bernardo tem uma visão nem sempre otimista do ser humano, por isso precisa de oração e de penitência. Deus e o monge se buscam reciprocamente para uma união íntima e transformante. Em seus escritos encontramos, já em embrião, o tríplice caminho espiritual: um caminho de purificação, maturação espiritual e união com Deus. Mas esse caminho exige vigilância, separação do mundo e de suas seduções. Bernardo, buscador de Deus, ama o silêncio de seu mosteiro de Claraval, mas é pronto a colocar-se em caminho quando a Igreja e outras fundações o chamam. O papa Pio 12, em 1953, dedica-lhe a Encíclica "doctor mellifluus", doutor que flui mel, por sua delicadeza e por seu amor, que desborda em todos os seus escritos. Luta contra os heréticos, organiza e abençoa a II Cruzada. Morre no dia 20 agosto de 1153. No estudo da espiritualidade não podemos nunca esquecer sua presença como continuidade do passado, mas também como esforço de renovação e de adaptação.

Das Homilias em louvor da Virgem Mãe, de São Bernardo, abade (Hom. 4,8-9: Opera omnia, Edit. Cisterc. 4, [1966], 53-54)

Ouviste, ó Virgem, que vais conceber e dar à luz um filho, não por obra de homem – tu ouviste – mas do Espírito Santo. O Anjo espera tua resposta: já é tempo de voltar para Deus que o enviou. Também nós, Senhora, miseravelmente esmagados por uma sentença de condenação, esperamos tua palavra de misericórdia.

Eis que te é oferecido o preço de nossa salvação; se consentes, seremos livres. Todos fomos criados pelo Verbo eterno, mas caímos na morte; com uma breve resposta tua seremos recriados e novamente chamados à vida.

Ó Virgem cheia de bondade, o pobre Adão, expulso do paraíso com a sua mísera descendência, implora a tua resposta; Abraão a implora, Davi a implora. Os outros patriarcas, teus antepassados, que também habitam a região da sombra da morte, suplicam esta resposta. O mundo inteiro a espera, prostrado a teus pés.

E não é sem razão, pois de tua palavra depende o alívio dos infelizes, a redenção dos cativos, a liberdade dos condenados, enfim, a salvação de todos os filhos de Adão, de toda a tua raça.

Apressa-te, ó Virgem, em dar a tua resposta; responde sem demora ao Anjo, ou melhor, responde ao Senhor por meio do Anjo. Pronuncia uma palavra e recebe a Palavra; profere a tua palavra e concebe a Palavra de Deus; dize uma palavra passageira e abraça a Palavra eterna.

Por que demoras? Por que hesitas? Crê, consente, recebe. Que tua humildade se encha de coragem, tua modéstia de confiança. De modo algum convém que tua simplicidade virginal esqueça a prudência. Neste encontro único, porém, Virgem prudente, não temas a presunção. Pois, se tua modéstia no silêncio foi agradável a Deus, mais necessário é agora mostrar tua piedade pela palavra.

Abre, ó Virgem santa, teu coração à fé, teus lábios ao consentimento, teu seio ao Criador. Eis que o Desejado de todas as nações bate à tua porta. Ah! se tardas e ele passa, começarás novamente a procurar com lágrimas aquele que teu coração ama! Levanta-te, corre, abre. Levanta-te pela fé, corre pela entrega a Deus, abre pelo consentimento. Eis aqui, diz a Virgem, a serva do Senhor; faça-se em mim segundo a tua palavra (Lc 1,38).

Um outro personagem importante das reformas desse período do "beneditismo":

GUILHERME DE SAINT THIERRY

Pouco sabemos de sua infância, mesmo que as biografias tardias queiram fazê-lo descender na nobreza, nasceu ao redor do ano 1085. Durante quinze anos é abade do mosteiro beneditino perto de Reims. Em 1135 se transfere para o mosteiro de Signy, onde permanece até sua morte. Na chamada *Carta de ouro* ele coloca em evidência a necessidade do progresso espiritual. Para se chegar à contemplação é necessário a penitência, não a penitência em si mesma, mas como caminho para a santidade, para o encontro com Deus, que se realiza pela oração, pela união íntima com Deus, que realiza no ser humano "uma deificação". Tudo isso é possível somente por meio de uma vida disciplinada, para viver na presença de Deus. A oração para o abade Guilherme, o encontro com Deus, não é intelectivo, mas amoroso. No ano 1118 encontra-se com Bernardo no mosteiro de Clairvaux e estreita com ele uma profunda amizade. Os ideais espirituais, místicos e o bem da Igreja e do monaquismo são forças que os unem.

GUIGO II O CARTUXO (1114-1188 data incerta de nascimento e de morte)

Da vida deste nono prior da Grande Cartuxa sabemos muito pouco de sua infância. Só sabemos que renunciou ao generalato de sua Ordem em 1180 para se dedicar exclusivamente à vida contemplativa. Escreveu várias obras ascéticas e místicas, abriu uma verdadeira janela na vida cartusiana com a "lectio divina", e é ele mesmo que em sua obra "escada do paraíso" nos apresenta o primeiro esboço da *lectio divina* em quatro pontos, que, ainda hoje, com várias modificações, são atuais.

- *Lectio*: leitura da palavra de Deus;
- *Meditatio*: meditação sobre a palavra lida;
- *Contemplatio* silenciosa: contemplação da palavra;
- *Oratio*: íntimo colóquio com Deus.

Hoje, prefere-se acrescentar uma outra atitude que deve levar-nos para a missão...

- *Actio*: ação, agir, missão.

Esse método de oração sobre a palavra de Deus vai-se expandindo cada vez mais na vida monástica, e depois do Concílio Vaticano II é retomado como um autêntico caminho de vida espiritual. A palavra de Deus é o centro de toda a vida espiritual e de toda a missão.

OS POBRES DE CRISTO

A sociedade do tempo de Francisco, Filho de Pedro de Bernardone e Dona Pica Bourlemont, é podre, seja no político, no social e no religioso. A riqueza traz consigo o enfraquecimento moral e a sedução para o luxo, para os banquetes, empobrece sempre mais o povo, que se vê obrigado a um trabalho escravo ao serviço dos ricos. Há um mal-estar interior, mas não tem força para uma rebelião social. Os tempos não são maduros para isso, seria necessário esperar muitos séculos. A grande novidade deste tempo histórico do séc. XIII em diante é o florescer dos medicantes. No início, esse movimento surge espontaneamente. Como a mesma palavra indica porque vivem de "esmolas", são pessoas pobres, mas tementes a Deus e animadas por um espírito de verdadeira fraternidade, de amor à oração e uma alegria que vem do "abandonar-se à providência de Deus". Um pauperismo escolhido por amor a Deus, que ao mesmo tempo quer ser uma severa crítica ao luxo das instituições sociais e religiosas. São nômades e onde passam pregam a pobreza, o desapego das riquezas e dos cargos de poder. Vivem uma vida sóbria e austera.

Esse estilo de vida favorece imensamente a oração e a contemplação. São irmãos e irmãs que não têm cultivado a cultura, são os "ignorantes nas letras e sábios de Deus".

Esses grupos mendicantes lentamente se agrupam e dão origem a verdadeiras Comunidades e a Ordens Religiosas, que darão um novo brilho à sociedade e à mesma Igreja. Encontram normalmente acolhida dos Bispos, mas nem sempre no clero, que se vê defraudado das esmolas do povo, que prefere dá-las aos mendicantes que ao clero. É nesse período que surgem duas grandes Ordens Religiosas, fundadas uma por São Domingos de Gusmão e outra por São Francisco de Assis. Dois homens que trazem dentro deles o amor a Deus e o amor ao próximo. Eles dão um giro de 360 graus à vida monástica: não mais grandes propriedades, não dão importância ao canto litúrgico, não se separam do povo, mas mergulham no meio do povo, são pastores que têm "cheiro de ovelhas".

Duas colunas que sustentam a mesma Igreja, "são como faróis luminosos na noite do tempo, na passagem da baixa idade média à alta idade média".

No mesmo tempo vão surgindo outros grupos que buscam a solidão, para preencherem-se de Deus e depois voltarem ao meio do povo, para proclamar o evangelho e a conversão, como os Sete Fundadores da Ordem dos Servitas, os Carmelitas, os Eremitas Agostinianos... São movimentos quase contemporâneos, que sentem a necessidade de uma renovação. Buscam lugares solitários, mas não totalmente eremíticos e têm uma saída pastoral. São Ordens "saídas". A pregação torna-se um aspecto importante para estes movimentos.

DOMINGOS DE GUSMÃO (1170-1221)

Domingos nasce em Calarreuga, Espanha, no ano de 1170. Nós o encontramos como Superior dos Cônegos Regulares na catedral de Osma. É profundamente perturbado pela heresia dos albigenses, que coloca em perigo a Igreja na França. Percebe que é necessário fazer algo para evitar que uma multidão de fiéis abandone a Igreja e caia na rede protestante, mas o que fazer? Esse dilema é motivo de reflexão e de oração por parte de Domingos. Em companhia de seu Bispo Diego de Acebes começa uma vida de missionário itinerante. O Bispo morre em 1207, mas a missão de Domingos continua com um grupo de amigos, que o seguem. O Bispo Folco de Tolosa aprova esse movimento chefiado por Domingos, o papa Inocêncio III pede que eles tenham uma Regra. É escolhida a Regra de Santo Agostinho.

Esse grupo se distingue de todos os outros pela força e preparação da pregação, a capacidade de confrontar as heresias, lutar contra os albigenses. O povo os chama de "dominici canes", "cachorros de Deus", pela força da pregação. São um grupo que tendo escolhido a pregação colocam no centro da própria vida o estudo da escritura, o conhecimento das letras. A Ordem é reconhecida pela Igreja no dia 22 de dezembro de 1216.

Os dominicanos têm como finalidade o estudo, a pregação, mas Domingos dá a sua Ordem uma finalidade missionária. Os conventos de Paris e de Bolonha são centros de estudo, onde os dominicanos colocam ao serviço da cultura as mais brilhantes inteligência da Ordem. Domingos continua seu apostolado itinerante. Nós o encontramos na França, Espanha, Itália. Isso lhe permite ampliar e fortalecer sua Ordem. Cansado das viagens e dedicando-se a uma vida de maior oração, renuncia ao cargo de Superior Geral e morre em Roma em 1221.

No coração de Domingos vive o fogo do evangelho, que arde no coração de Francisco de Assis. Eles queimam por dentro de amor a Cristo e pela salvação de todos. Um retorno ao evangelho e a Jesus missionário do Pai, que se fez carne não para salvar um pequeno grupo, mas a todos. Para os dominicanos, o empenho com a verdade, o estudo, a teologia, é o caminho místico para a comunhão com Deus. Domingos infunde em seus frades o ardor missionário, o amor à Igreja e a defesa da verdade com todas as forças. Os dominicanos ficaram também famosos no tempo da Inquisição, o período pior da Igreja, mas devemos julgar este período não com os olhos de hoje, mas do tempo em que ela se instaurou na Igreja. Coloquemos em evidência alguns santos e teólogos dominicanos que se destacaram no início da Ordem.

SANTO ALBERTO MAGNO

É o primeiro doutor proclamado pela Igreja da Ordem Dominicana. Nasce na diocese de Augusta, por volta do ano 1206. Atraído pelos estudos e fascinado pelos dominicanos, entra na Ordem com somente 16 anos. Estudioso e em breve tempo o encontramos professor, seja na Alemanha como em Paris. Do ano 1248-1254 é professor de teologia na casa dos dominicanos. Sem dúvida o aluno mais conhecido que ele teve é Santo Tomás de Aquino. Será eleito provincial, dedicará muito de seu tempo ao estudo, ao governo da Ordem e à oração. Participa do Concílio de Lion, escreve numerosas obras teológicas e ascéticas. Sabe fazer uma boa síntese do pensamento de Domingos entre a contemplação e a pregação do evangelho. A verdadeira comunhão com Deus acontece por meio do amor que nos une à Trindade, que é puro amor. Termina seus dias em Colona, em 1280.

SANTO TOMÁS DE AQUINO (1225-1274)

O Santo mais conhecido da família dominicana, que por séculos tem sido mestre na Igreja, seja de teologia como de filosofia. Nasceu em Roccasecca, Itália, no ano de 1225. Entrou na Ordem Dominicana no ano 1244 e morreu em 1274. Esteve em Paris e em Colônia, onde foi discípulo de São Alberto Magno. Em 1257, em Paris, defendeu sua tese de doutorado, e em 1274, enquanto caminha para ir ao Concílio de Lion, morreu. Um autor fecundíssimo, que soube unir ciência e oração, vida comunitária e estudo. Um santo mítico e teólogo, que soube buscar a verdade e fazer pontes com a filosofia do passado, especialmente de Aristóteles. A obra mais famosa de Santo Tomás de Aquino é a SUMA TEOLÓGICA. Uma obra teológica monumental, que atualmente revive um certo esplendor no pensamento teológico de nosso tempo. Para Tomás o ser humano, criado por Deus, é bom, mas o pecado e contato com o mal o torna frágil em seus propósitos, por isso necessita de oração e de penitência. Em sua grande capacidade intelectual devemos colocar em evidência sua capacidade contemplativa. É consciente de que aprendeu mais pela oração aos pés de Jesus crucificado que nos livros da ciência humana.

Outros grandes autores dominicanos foram ***Johannes Echart, Giovanni Taulero, Enrico Suoso,*** que vão enriquecendo a teologia espiritual. Homens que sabem unir a ciência à oração, à pregação. Para eles a vida cristã autêntica consiste na transformação em Cristo Jesus, único caminho para se chegar à intimidade com Deus.

OS FRANCISCANOS

Se o caminho de Domingos e de seus dominicanos foi o estudo, a pregação e a refutação das heresias, particularmente dos albigenses, Francisco inaugurou na Igreja um novo estilo de vida religiosa, e se fundamentou sobre o evangelho “sine glossa”, em sua radicalidade, pregando mais com a vida que com a palavra. A “Santa ignorância” nos estudos e a Santa sabedoria na vida de oração, uma pregação simples, feita de testemunho que atrai brilhantes inteligências e toque os corações. A vida de Francisco é marcada por dois momentos: antes de sua conversão, que busca honra, prazer e poder; e na prisão de Perúsia onde acontece sua conversão, não mais luxo, nem vida mergulhada nos prazeres, mas sim uma vida de austeridade e de alegria, em que no casamento com a Senhora Pobreza encontra sua verdadeira felicidade.

FRANCISCO DE ASSIS (1182-1226), VOLTAR AO EVANGELHO

Francisco é um dos santos mais amados e mais conhecidos no mundo, por seu estilo de vida, por seu amor a Cristo Jesus crucificado por amor e por sua atenção cuidadosa ao criado. É o santo da ecologia, que vê em tudo a mão do Deus bondoso, que cria tudo por amor e o coloca a nosso serviço, para que nós cuidemos. O papa Francisco tem exaltado a pessoa de Francisco e de todo o movimento franciscano na Encíclica “laudate Deum”, em que chamam a atenção do mundo as mudanças climáticas e como todos nós somos responsáveis pelo mundo criado.

O processo de conversão de Francisco inicia-se no ano 1205. É o tempo em que decide não seguir o exemplo do pai, Bernardone, no comércio. É dentro dele que vê cair suas seguranças humanas e vê nascer sua segurança em Deus. Com gesto heroico se despoja de todos os ricos vestidos diante do bispo de Assis e confia-se totalmente à Providência de Deus. Agora pode dizer com verdade

"Pai nosso que estais nos céus". Tem em seu coração um ideal que Deus lhe confia, vendo cair a igreja de São Damião: "reconstruir a igreja que está caindo". Uma Igreja relaxada, feita de homens preocupados com as honras e com o dinheiro e não com as almas. Começam a chegar grupos de pessoas da alta sociedade de Assis, que querem seguir seu exemplo. O papa Inocêncio III, em 1210, aprova a primeira Regra de Francisco, que será depois definitivamente aprovada em 1223. Francisco coloca como texto base dos frades "menores" o evangelho, a imitação de Cristo Jesus. O desejo das missões o leva a ser "missionário nômade", retira-se na montanha da Alverne, onde recebe a consagração de sua missão, recebendo o sinal precioso dos estigmas. Cercado de seus frades menores e colocado como ele mesmo queria na nua terra, morre em 1226. É o homem cheio de vida, de otimismo missionário, sua força é a bondade, humildade e a paz.

Da Carta a todos os fiéis, de São Francisco de Assis
(Opuscula, edit. Quarachi 1949,87-94)

O Pai Altíssimo anunciou a vinda do céu do tão digno, tão santo e glorioso Verbo do Pai, através de seu santo, Gabriel, à santa e gloriosa Virgem Maria, em cujo seio recebeu a verdadeira carne de nossa humanidade e fragilidade. Ele quis, no entanto, sendo incomparavelmente mais rico, escolher a pobreza junto com a sua santíssima mãe. Nas vésperas de sua paixão, celebrou a Páscoa com os discípulos. Depois, orou ao Pai dizendo: Pai, se for possível, afaste-se de mim este cálice (Mt 26,39).

Pôs, contudo, sua vontade na vontade do Pai. E a vontade do Pai era que seu Filho bendito e glorioso, dado a nós e nascido para nós, se oferecesse em sacrifício e vítima no altar da cruz, pelo seu próprio sangue. Sacrifício não para si, por quem tudo foi feito, mas por nossos pecados, deixando-nos o exemplo para lhe seguirmos as pegadas (cf. 1Pd 2,21). E quer que todos nos salvemos por ele e o acolhamos com coração puro e corpo casto.

Ó como são felizes e benditos aqueles que amam o Senhor e fazem o que o mesmo Senhor diz no evangelho: Amarás o Senhor, teu Deus, de todo o teu coração, de toda a tua alma e ao próximo como a ti mesmo! (Lc 10,27). Amemos, portanto, a Deus e adoremo-lo com coração puro e mente pura porque, acima de tudo, disto está ele à procura e diz: Os verdadeiros adoradores adorarão o Pai em espírito e em verdade (Jo 4,23). É necessário que todos que o adoram, o adorem no espírito da verdade. E dia e noite elevemos para ele louvores e orações, dizendo: Pai nosso que estás nos céus (Mt 6,9); porque é preciso orar sempre e não desfalecer. (cf. Lc 18,1)

Além disso, produzamos dignos frutos de penitência (cf. Mt 3,8). E amemos o próximo como a nós mesmos. Tenhamos caridade e humildade e façamos esmolas, já que estas lavam as almas das nódoas dos pecados. Os homens perdem tudo o que deixam neste mundo. Levam consigo somente a paga da caridade e as esmolas que fizeram: delas receberão do Senhor o prêmio e a justa recompensa.

Não nos convém sermos sábios e prudentes segundo a carne, mas temos antes de ser simples, humildes e puros. Jamais desejemos ficar acima dos outros, mas prefiramos ser servos e submissos a toda criatura humana, por causa de Deus. Sobre todos os que assim agirem e perseverarem até o fim repousará o Espírito do Senhor e fará neles sua casa e mansão. Serão filhos do Pai celeste, pois fazem suas obras, e são esposos, irmãos e mães de nosso Senhor Jesus Cristo.

São Francisco é o nome que depois de séculos continua a ter um forte ascendente nas mentes e nos corações de todas as religiões. O caminho da paz não são as armas, mas o cântico das criaturas é paz, força de quem crê em Deus. Os "fiorettis" de São Francisco continua a ser um livro de uma doçura única, onde se fala da simplicidade e da santidade, não somente de Francisco, mas também de seus primeiros companheiros, como frade Egídio, Frei Leão etc.

ANTONIO DE PÁDUA (1195-1231)

Entre os primeiros seguidores de Francisco ocupa um lugar especial Antonio. Nascido em 1195 em Lisboa, Portugal, com quinze anos entra na Ordem dos Cônegos Agostinianos. Dedica-se ao estudo, especialmente a sagrada Escritura. Sente-se atraído pela vida simples dos Frades Franciscanos. Depois de ter escutado que alguns franciscanos ganharam a palma do martírio em 1220, decide tornar-se franciscano. Deseja ser mártir, mas por causa de uma doença, não é possível viajar para Marrocos. Em 1221 o encontramos na Itália e participando do famoso capítulo das "esteiras" e cooperando na organização da família franciscana com seus sábios conselhos e suas orientações. Com a bênção especial do mesmo Francisco, Antonio se torna um dos primeiros professores de teologia na universidade de Bolonha. Pregador incansável, encontramo-no em várias cidades, seja da Itália como na França. Seus discursos, baseados principalmente sobre a palavra Deus e sobre o evangelho, mereceram-lhe o título de Doutor evangélico. Morre em Pádua, Itália, no dia 13 de junho de 1231. Foi proclamado santo apenas dois anos depois de sua morte. Famosos são seus SERMÕES, com que ataca a simonia e a usura. Um santo muito amado pelo povo, e no Brasil considerado o santo "casamenteiro".

Dos Sermões de Santo Antônio de Pádua, presbítero (I.226)

Quem está repleto do Espírito Santo fala várias línguas. As várias línguas são os vários testemunhos sobre Cristo, a saber: a humildade, a pobreza, a paciência e a obediência; falamos essas línguas quando os outros as veem em nós mesmos. A palavra é viva quando são as obras que falam. Cessem, portanto, os discursos e falem as obras. Estamos saturados de palavras, mas vazios de obras. Por este motivo o Senhor nos amaldiçoa, como amaldiçoou a figueira em que não encontrara frutos, mas apenas folhas. Diz São Gregório: "Há uma lei para o pregador: que faça o que prega". Em vão pregará o conhecimento da lei quem destrói a doutrina por suas obras.

Os apóstolos, entretanto, falavam conforme o Espírito Santo os inspirava (cf. At 2,4). Feliz de quem fala conforme o Espírito Santo lhe inspira e não conforme suas ideias! Pois há alguns que falam movidos pelo próprio espírito e, usando as palavras dos outros, apresentam-nas como suas, atribuindo-as a si mesmos. Destes e de outros semelhantes, diz o Senhor por meio do profeta Jeremias: Terão de se haver comigo os profetas que roubam um do outro as minhas palavras. Terão de se haver comigo os profetas, diz o Senhor, que usam suas línguas para proferir oráculos. Eis que terão de haver-se comigo os profetas que profetizam sonhos mentirosos, diz o Senhor, que os contam, e seduzem o meu povo com suas mentiras e seus enganos. Mas eu não os enviei, não lhes dei ordens, e não são de nenhuma utilidade para este povo – oráculo do Senhor (Jr 23,30-32).

Falemos, portanto, conforme a linguagem que o Espírito Santo nos conceder; e peçamos-lhe humilde e devotamente que derrame sobre nós a sua graça, a fim de podermos celebrar o dia de Pentecostes com a perfeição dos cinco sentidos e na observância do decálogo. Que sejamos repletos de um profundo espírito de contrição e nos inflamemos com essas línguas de fogo que são os louvores divinos. Desse modo, ardentes e iluminados pelos esplendores da santidade, mereceremos ver o Deus Uno e Trino.

Entre os franciscanos recordamos autores excelentes de espiritualidade e de teologia, como **São Boaventura, Iacopone de Todi,** e na filosofia **João Duns Scoto**.

A espiritualidade franciscana será merecedora de tantos santos e principalmente por abrir um caminho de vida de santidade para os leigos, "Terceira Ordem". São pessoas que pertencem a todo tipo de atividade, casados, comerciantes, agricultores, que desejam ser santos, mas não abraçam a vida religiosa. Para Francisco, a primeira Ordem são os Frades, a segunda Ordem são as monjas e terceira Ordem os leigos. Vivem normalmente ao lado dos conventos dos frades ou dos mosteiros das monjas e se alimentam da mesma espiritualidade.

Um rápido aceno merecem os **CÔNEGOS REGULARES**.

No fim do séc. IV, em alguns lugares da África e mesmo da França surgem sacerdotes que preferem viver em comunidade.

Uma tentativa que será retomada também em nossos dias, mas sem muito sucesso. Os Bispos insistem que os sacerdotes diocesanos possam reunir-se em comunidade para serem apoio recíproco, seja na vida espiritual como na vida pastoral. O primeiro a fazer a experiência desta vida é o Bispo de Vercelli, Santo Eusébio, que morreu em 370, escreveu várias cartas sobre esse assunto. A mais famosa é a 121, na qual insiste sobre a vida comunitária e sobre a oração em comum. No Concílio de Aquitânia (816), há a tentativa de organizar essa vida e dar algumas Regras práticas.

É um esforço louvável, que tem seu desenvolvimento no curso dos séculos. Embora passe por reformas, permanece sempre um movimento bastante restrito. São chamados Regulares porque vivem debaixo de uma Regra, que normalmente é aquela de Santo Agostinho, mas não necessariamente. São caracterizados pela vida comunitária e nem sempre por colocarem os bens em comum como os religiosos.

AS MULHERES NA BUSCA DE DEUS

Tenho preferido dedicar um capítulo especial às mulheres, que desde o início da comunidade apostólica estão sempre presentes no caminho da Igreja. O evangelho, o povo de Deus, a espiritualidade esvaziada da presença feminina seria dura e ousaria dizer sem ternura e sem afetividade. Mesmo no seguimento de Jesus tem um grupo de discípulas, que seguem Jesus e seus Apóstolos e ajudam nas necessidades, não somente materiais. Serão as mesmas mulheres que por primeiro vão acolher o anúncio da ressurreição e vão proclamar esta alegre notícia aos discípulos medrosos e fechados por medo dos judeus. Como não recordar a amizade de Jesus com Marta e Maria, de Madalena, a mesma ternura do Cristo com a mulher adúltera, a Samaritana, a viúva de Naim e tantas outras mulheres anônimas, que acolhem com alegria o anúncio do Reino de Deus? A vinda do Espírito Santo no Pentecostes encontra os discípulos reunidos no cenáculo, onde estão Maria, a mãe de Jesus, e outras mulheres... Nas cartas do Apóstolo Paulo encontramos a presença feminina atuante na difusão da palavra de Deus.

Se nós demos importância aos Padres do deserto dos primeiros séculos, não podemos esquecer as Madres do deserto. Elas surgem quase contemporaneamente aos Padres do deserto, como eles tomam o caminho do deserto para buscar a Deus. É no silêncio, na solidão. Muitas vezes, vivem como eremitas e outras vezes permanecem na própria família. A história das Madres do deserto se perde na fantasia, na lenda. Temos Madres que nos deixam também algumas frases e outras que ficam famosas por seus gestos penitenciais. Hoje não podemos falar mais somente dos Padres do deserto, mas também das Madres do deserto. Quem são elas?

Santa Sinclética, Santa Teodora e Santa Sarah do deserto. Poucas e pouco confiáveis são as notícias biográficas das Madres do deserto. Santa Sinclética teria nascido em 266, de nobre família, e, depois da morte dos pais, doou toda a sua riqueza aos pobres e foi ao deserto. Sua fama de santidade se espalhou rapidamente e muitas jovens quiseram seguir seu exemplo e foram ao deserto. Santa Sinclética morreu em 350. Ela mesma tinha profetizado o dia de sua morte.

Teodora de Alexandria viveu no IV século, casou-se com um imperador Romano. Depois da morte dele se "disfarçou de homem", entrou para um mosteiro. Uma mulher das redondezas do mosteiro ficou grávida e acusou Teodora que no mosteiro era "Teodoro". Foi expulsa e cuidou do menino por sete anos. Sua identidade feminina foi descoberta somente depois de sua morte. É considerada uma Madre do deserto. "Mama" teria morrido no ano 491.

MACRINA era irmã de sangue dos grandes Santos Basílio Magno, Gregório de Nissa e Pedro de Sebaste. A avó Macrina, a velha, depois da morte do marido de Macrina, a Jovem, as duas se retiraram para lugares separados e deram vida a um mosteiro. Macrina, a jovem, teve uma grande influência sobre os três irmãos, que se dedicaram à vida contemplativa e apostólica. Morreu no ano 380.

Em todos os períodos históricos da Igreja podemos individuar mulheres, que buscam a Deus e procuram lugares solitários para dedicarem-se à oração e à penitência. Na maior parte das vezes ficando na família, ou a mesma família constrói uma parte a elas dedicadas. Passam o tempo em oração, atendem aos pobres, à meditação, e as que sabem ler a leitura meditativa da escritura. Sendo a maioria analfabeta, rezava Pai-nossos e Ave-Marias, que lentamente se torna o saltério dos pobres.

Aos poucos se vai desenvolvendo a teologia mística do matrimônio espiritual, retomando o conceito bíblico do Cântico dos Cânticos. É uma união íntima da alma com Deus. A partir do XII século encontramos mulheres que possuem grande experiência de Deus e se entregam totalmente ao Senhor, Esposo amado. Sem dúvida seria interessante traçar o perfil biográfico dessas grandes mulheres buscadoras de Deus, que tiveram a coragem de desafiar os tempos em que o "machismo" reinava em toda parte. Mas não é nossa intenção em uma rápida visão da espiritualidade. Nós nos limitamos a citá-las brevemente.

HILDEGARDA DE BINGEN (1098-1179): teóloga, mística, monja beneditina, que marcou a Igreja de seu tempo pela ciência e por seus escritos, particularmente com seu livro Scivas, onde relata suas experiências espirituais. O papa Bento XVI a proclamou Doutora da Igreja. Para ela o ser humano é chamado, por meio de uma verdadeira conversão, a abandonar o pecado e assim poder dominar a si mesmo e chegar à intimidade com Deus. Numerosos são seus escritos, e ainda hoje é objeto de estudos. É uma Madre "família" na espiritualidade alemã.

MATILDE D'HACLEBORN (1242-1299): entra no famoso mosteiro de Helfa, com a idade de sete anos, e aí forma toda a sua carreira cultural e monástica. Sente profundamente em seu coração o amor ao Cristo Jesus e quer mergulhar em seu coração divino. Os dois centros de sua espiritualidade são a Eucaristia/liturgia e a humanidade de Cristo. Em sua vida teve muitas visões que a confirmaram em sua vida espiritual.

GERTRUDES, A GRANDE (1256- ...): Não sabemos nada de sua família e de sua infância. Sabemos só que com 5 anos de idade é confiada ao mosteiro de Helfa. Encontra-se com Matilde, sem dúvida essa convivência foi muito útil. Restam de seus escritos seus famosos "exercícios espirituais". Piedosa e profundas meditações sobre a vida cristã. Escreve orações, pequenos tratados espirituais, onde Gertrudes revela a profundidade de sua vida espiritual e de sua busca de realizar sempre a vontade de Deus. Uma espiritualidade que sente muito a atração para a Paixão do Senhor. É uma das maiores místicas e a única mulher a receber oficialmente o título de "grande", por seus escritos e por sua doutrina.

CLARA DE ASSIS (1193-1253): Seu nome, sua história, sua vocação são unidos intimamente a Francisco de Assis. Fica maravilhada pela conversão de Francisco de Assis e decide imitá-lo. Aos 18 anos toma consciência de seu futuro e, apesar das resistências familiares, que a querem esposa de um jovem da nobreza de Assis, Clara não tem medo, escolhe a vida evangélica no estilo de Francisco. Podemos colocar entre o ano 1210 e o 1212 o encontro com Francisco. Foge de casa e inicia a vida monástica. A ela se junta sua irmã Agnes e debaixo da guia de Francisco se transfere a São Damião, e um grande número de jovens se une ao projeto de Clara e Francisco. Escreve quatro cartas, onde ela vai exprimindo sua espiritualidade, seu amor à pobreza, à Eucaristia, a uma vida de intensa oração. Clara é uma mística, que coloca toda a sua vida ao serviço de Deus, na alegria e na assistência aos pobres, que são o tesouro mais belo de toda a espiritualidade franciscana. Morre em 1253. O papa Pio XII em 1958 a declarou Patrona da televisão e dos meios de comunicação. Uma Santa muito querida ao coração do povo por sua simplicidade.

MATILDE DE MAGDEBURGO (1207-1283): pouco sabemos de sua infância, parece que desde os doze anos sente uma forte atração pela presença de Deus. Na idade de 23 anos se torna *beghina* (piedosa). Matilde escreve o diálogo amoroso entre a alma e seu esposo Deus, onde coloca em evidência esta necessidade de se unir cada vez mais ao Senhor, abandonando todas as coisas do mundo. Rica é sua produção literária mística, que reúne sob o nome "luz fluente da divindade". No mosteiro de Elfta se encontra com monjas e místicas de elevado valor. Faz parte, com seus escritos sem esquema, de uma nuvem de mulheres que, com a própria cultura e espiritualidade, marcaram positivamente a alta idade média.

LUTGARDA DE AYWIERES (1182-1246): priora de um mosteiro beneditino se distingue por sua mística e por suas visões, por sua forte devoção ao sagrado Coração de Jesus, em um tempo em que a humanidade de Cristo era considerada pouco na mesma Igreja. É um coração enamorado de Cristo, possui uma sensibilidade interior em suas orações muito intensa.

MARGUERITA DE OYNGT (1240-1310): pertence a uma família burguesa da alta sociedade de seu tempo, entra no mosteiro das cartuxas. É uma das primeiras mulheres francesas que escreve sobre mística e espiritualidade. Tem sua importância especialmente por suas visões e intuições teológicas. Particularmente reflete sobre os mistérios fundamentais da fé: encarnação, paixão, morte e ressurreição do Senhor.

ANGELA DE FOLIGNO (1248-1309): a primeira parte de sua vida é frívola e mundana. Pertence a uma família burguesa de Foligno, uma bela cidade italiana. Casa-se com 12 anos e tem vários filhos. Continua sua vida de mundanidade. Aos 37 anos, depois de uma confissão, decide-se a mudar de vida e realiza uma conversão, que chama a atenção de todos. No espaço de poucos anos morre o marido, os filhos e a mãe. E Angela decide entrar na terceira Ordem Franciscana em 1291. Abandona riqueza, festas e se dedica com todo o seu ser a uma vida de penitência. Morre em 4 de janeiro de 1309. Foi chamada mestra dos teólogos porque durante sua vida reuniu a seu redor um grupo, um cenáculo de pessoas, e ela foi considerada mãe e mestra. Vive uma autêntica experiência da cruz, tudo suporta por amor a Cristo, seu amado.

CATARINA DE SENA (1347-1380): foi a segunda mulher da história a ser proclamada Doutora da Igreja por São Paulo VI. A primeira foi Santa Teresa d'Ávila, mãe e mestra dos espirituais, em 27 de setembro de 1970.

Catarina foi uma Santa quase analfabeta, que soube com sua santidade e eloquência não humana converter muitos corações e convencer o Papa a voltar a Roma, de sua "permanência em Avinhão". Catarina escreve cartas de fogo, sem medo. Uma profetisa suscitada por Deus para corrigir os pecados da Igreja e do mundo de seu tempo. Colocando em evidência suas cartas e seus diálogos, ela escreve de maneira simples, mas profunda. O que diz não lhe vem da cultura humana, mas sim da escuta do Espírito Santo. Exerce especialmente uma importância na construção da paz. Por sua sabedoria e importância na Igreja de seu tempo justamente foi proclamada Doutora da Igreja. Seu confessor, Raimundo da Capua, traça seu perfil espiritual apresentando-a como totalmente apaixonada pelo sofrimento de Cristo em sua paixão. Morre aos 33 anos. Uma Santa que ainda hoje suscita interesse entre os estudiosos de espiritualidade.

Do Diálogo sobre a divina Providência, de Santa Catarina de Sena (Cap. 167, Gratiarum actio ad Trinitatem: ed. lat., Ingolstadi 1583, f. 290v-291.)

Ó Divindade eterna, ó eterna Trindade, que pela união da natureza divina tanto fizeste valer o sangue de teu Filho unigênito! Tu, Trindade eterna, és como um mar profundo, onde quanto mais procuro mais encontro; e quanto mais encontro, mais cresce a sede de te procurar. Tu sacias a alma, mas de um modo insaciável; porque, saciando-se no teu abismo, a alma permanece sempre sedenta e faminta de ti, ó Trindade eterna, cobiçando e desejando ver-te à luz de tua luz.

Provei e vi em tua luz com a luz da inteligência, o teu insondável abismo, ó Trindade eterna, e a beleza de tua criatura. Por isso, vendo-me em ti, vi que sou imagem tua por aquela inteligência que me é dada como participação do teu poder, ó Pai eterno, e também da tua sabedoria, que é apropriada ao teu Filho unigênito. E o Espírito Santo, que procede de ti e de teu Filho, deu-me a vontade que me torna capaz de amar-te.

Pois tu, ó Trindade eterna, és criador e eu criatura; e conheci – porque me fizeste compreender quando de novo me criaste no sangue de teu Filho – conheci que estás enamorado pela beleza de tua criatura.

Ó abismo, ó Trindade eterna, ó Divindade, ó mar profundo! Que mais poderias dar-me do que a ti mesmo? Tu és um fogo que arde sempre e não se consome. Tu és que consomes por teu calor todo o amor profundo da alma. Tu és de novo o fogo que faz desaparecer toda frieza e iluminas as mentes com tua luz. Com esta luz me fizeste conhecer a verdade.

Espelhando-me nesta luz, conheço-te como Sumo Bem, o Bem que está acima de todo bem, o Bem feliz, o Bem incompreensível, o Bem inestimável, a Beleza que ultrapassa toda beleza, a Sabedoria superior a toda sabedoria. Porque tu és a própria Sabedoria, tu, o pão dos anjos, que no fogo da caridade te deste aos homens.

Tu és a veste que cobre minha nudez; alimentas nossa fome com a tua doçura, porque és doce sem amargura alguma. Ó Trindade eterna!

CATARINA DA BOLOGNA (1413-1463): faz parte de um grupo franciscano que tem uma importância cultural e espiritual em seu tempo. Ela funda o mosteiro de Corpus Domini em Bolonha. No início segue a Regra de Santo Agostinho, mas quando se reúne com um grupo mais amplo de jovens, decidida a se consagrar a Deus, escolhe a Regra de Santa Clara de Assis.

CATARINA DE GÊNOVA (1447-1510): a vida desta genovesa é uma aventura triste. O irmão a dá como esposa para um homem violento, um matrimônio político. O marido lentamente se converte diante da vida Santa de Catarina. Trabalham juntos em favor dos pobres. Catarina tem visões e experiências místicas, especialmente com as almas do purgatório. Por ter escrito sobre o purgatório, é chamada "Doutora do purgatório." Descreve o caminho da santidade como um "autêntico purgatório", onde somos chamados a passar por dificuldades, mas Deus nunca nos abandona. A penitência, recorda Catarina de Gênova, serve para nos purificar desde aqui para o encontro com Deus na vida eterna.

GIULIANA DE NORWICH (1342-1416): Com esta mística inglesa fechamos nossa rápida visão sobre algumas mulheres, que, desde as Madres do Deserto até o fim da idade média, distinguem-se pela busca de Deus, procurando com todos os meios realizar a própria vocação de oração, de solidão e de mergulho na realidade. Quem é Giuliana de Norwich? Pouco sabemos sobre sua vida; parece que seu nome de Norwich se refere à cidade onde ela teria nascido. E do vizinho mosteiro dedicado a São Juliano seria seu nome "Juliana". Embora saibamos pouco dela, resta que ela escolheu, quem sabe depois da morte do marido, uma vida eremítica, em que se torna orante e reflete sobre a humanidade de Cristo Jesus. A ideia forte de Juliana é que o sofrimento não é uma punição de Deus, mas sim uma purificação para chegar à santidade. Em seus escritos sente-se, como também nas outras místicas, a feminilidade que abre novos caminhos de santidade. Um caminho lento de uma verdadeira emancipação feminina.

Normalmente, os estudiosos dividem a história da humanidade em quatro grandes épocas ou períodos: a época antiga, a idade média, a época moderna e contemporânea, e atualmente devemos também acrescentar a época pós-moderna. Fechamos a época da alta idade média com uma figura muito interessante na espiritualidade especulativa e experiencial.

RUYSBROECK (1293-1381): é flamengo e um grande autor de espiritualidade. É o representante mais importante de toda a espiritualidade da Idade Média. De família fortemente religiosa, influenciado por Ekglhart desenvolve-se na mística filosófico-teológica. Passa a maior parte de sua vida como eremita e depois passa a fazer parte como Cônego de Santo Agostinho na Abadia que ele mesmo fundou de Groenendael. Sua preocupação é em que ponto o ser humano pode unir-se a Deus, sem cair no panteísmo. Em seu livro "A verdade" ele afirma que nenhum homem pode ser santo perdendo sua natureza humana. Apresenta o mais importante ideal humano que se pode alcançar aqui na terra, é a íntima união com Deus, onde há uma fusão, mas sempre lembrando que o ser humano permanece humano, Deus nos conduz para a união esponsal. Ruysbroeck é um autor importante, que fecha, poderíamos dizer, a porta da Idade Média e abre a porta da Modernidade. É chamado, pela doçura e beleza com que fala de Deus, o doutor admirável.

12

DEVOTIO MODERNA

Um movimento religioso que nasce do desejo de uma experiência mais individual do que comunitária de Cristo Jesus, menos litúrgica e coral, e, se quisermos, menos comunitária como o modelo beneditino. Podemos considerar o movimento como porta de entrada na época moderna nos séculos XVI até o século XVIII. O melhor testemunho dessa época é a IMITAÇÃO DE CRISTO. Obra atribuída a Tomas de Kempis (1380-1471), que tem ultrapassado os tempos, chegando até nossos dias entre acolhida e rejeição. Tem formado muitos santos, inclusive Santa Teresa do Menino Jesus. Não é nada fácil dar uma definição exaustiva da *Devotio* moderna. É uma palavra composta de "devotio" (devoção), que significa o ato interior da religião por meio do qual o ser humano se doa com alegria ao serviço de Deus e das obras boas, e a palavra "moderna", adjetivo que significa novo, atual ou atualizado. Pela primeira vez encontramos esse termo em Gerardo Groeete, que vive no fim do séc. XIV. A *devotio* moderna é um fenômeno espiritual novo, que se preocupa mais com a vida interior individual que comunitária. Podemos, em poucas palavras, dizer que a *devotio* moderna influencia toda a época da alta Idade Média, seja na França como também na Espanha. Não é fácil delimitar os espaços da influência, creio que o livro da Imitação de Cristo seja o melhor livro deste período da *devotio* moderna. Seu autor, embora discutido por alguns autores, é atribuído ao monge Tomas de Kempis.

ÉPOCA MODERNA (séc. XVI- XIX)

Deixamos atrás de nós a Idade Média e entramos pela porta central em uma outra época rica de espiritualidade, de busca de Deus e de retorno a uma vida feita de austeridade. Vivemos o período da reforma, no qual Martinho Lutero abre a fileira dos que tentam "reformas radicais na Igreja". É uma rebelião surda, mas potente, contra o sistema da Igreja e o "modus vivendi" do clero, dos frades, luxo, prepotência, vida desregrada, muita pregação e pouco evangelho. Nos séculos XV e XVI a Igreja se apresenta em uma situação de busca de dinheiro e de poder. Evidentemente não todos, havia "pequenos restos" que viviam sinceramente e com convicção o evangelho e eram fermento de uma nova primavera da Igreja.

No fim dos anos 1400 surgiram aqui e acolá movimentos de vida austera, especialmente dentro dos conventos. As Ordens religiosas tentavam com todos os meios renovar uma vida regular feita de oração, penitência, solidão e um mínimo de apostolado no meio do povo. Eis o caso dos Somascos e dos Barnabitas. Esse movimento era mais um movimento de uma conversão pessoal.

Neste tempo se desenvolve também a corrente humanista de Erasmo de Roterdam, Filho de um sacerdote. Em 1487 entrou no convento agostiniano. O livro dele que é famoso se chama "elogio à loucura", em que critica fortemente os teólogos que interpretam como lhes convém a escritura, sacerdotes que vivem no luxo e em uma riqueza desenfreada. Uma paródia da Igreja do seu tempo.

É nesse clima teológico e eclesial que devemos enquadrar a reforma protestante, a rebelião de Martinho Lutero, que será seguido em várias partes da Europa por outros líderes religiosos-políticos.

No início do ano 1500, a Europa tem somente duas Igrejas, a católica e a ortodoxa. Muitos católicos abandonam sistematicamente a Igreja católica para aderir a várias Igrejas que estão surgindo. A mais importante das reformas é a **PROTESTANTE:** O mesmo nome diz tudo: Igrejas que protestam. Mas protestam contra quem e por quê? Protestam contra o poder de Roma, que se torna invasivo na política, na economia, na vida do povo, com seus poderes religiosos políticos. Os mosteiros de frades eram dominadores. A eles pertenciam o poder da pregação e das... esmolas. Os mosteiros femininos se enchiam de jovens, que não tendo como se casar, tinham como única possiblidade se tornar monjas e o povo devia sustentá-las. Daí se pode compreender como, na manhã do dia 24 de agosto de 1562, festa de São Bartolomeu, quando o povo de Ávila acordou com a presença de um novo convento de monjas carmelitanas, fundado por Santa Teresa, rebelou-se duramente e quis que as monjas fossem embora. E Teresa foi considerada louca. Passaram alguns dias até que a situação voltasse à calma.

O mal-estar não era só entre alguns clérigos, mas no povo em geral, e também nos trabalhadores da roça, que viam sempre mais taxas que deviam pagar à Igreja, aos abades e aos Bispos. Esses podemos chamar de causas sociais. Mas há outros motivos de caráter mais religioso:

a. Uma religiosidade do medo, pregações sobre o inferno e as dificuldades de salvar-se. A única maneira era pagar taxas para indulgências, para ficar menos tempo no purgatório. Comprar, em um certo sentido, a salvação.

b. O quadro geral da Igreja, dos Bispos, que não se preocupavam com a salvação do povo, mas do poder e do dinheiro, os sacerdotes não tinham cultura e levavam uma vida que não correspondia ao evangelho, não eram modelos para a comunidade.

Do Sermão proferido no último sínodo por São Carlos, bispo (Acta Ecclesiae Mediolanensis, Mediolani 1599, 1.177-1.178)

Somos todos fracos, confesso, mas o Senhor Deus nos entregou meios com que, se quisermos, poderemos ser fortalecidos com facilidade. Tal sacerdote desejaria possuir uma vida íntegra, que dele é exigida, ser continente e ter um comportamento angélico, como convém, mas não se resolve a empregar estes meios: jejuar, orar, fugir das más conversas e de nocivas e perigosas familiaridades.

Queixa-se de que, ao entrar no coro para a salmodia, ao dirigir-se para celebrar a missa, logo mil pensamentos lhe assaltam a mente e o distraem de Deus. Mas, antes de ir ao coro ou à missa, que fez na sacristia, como se preparou, que meios escolheu e empregou para fixar a atenção?

Queres que te ensine a caminhar de virtude em virtude e como seres mais atento ao ofício, ficando assim teu louvor mais aceito de Deus? Escuta o que digo. Se ao menos uma fagulha do amor divino já se acendeu em ti, não a mostres logo, não a exponhas ao vento! Mantém encoberta a lâmpada, para não se esfriar e perder o calor; isto é, foge, tanto quanto possível, das distrações; fica recolhido junto de Deus, evita as conversas vãs.

Tua missão é pregar e ensinar? Estuda e entrega-te ao necessário para bem exerceres este encargo. Faze, primeiro, por pregar com a vida e o comportamento. Não aconteça que, vendo-te dizer uma coisa e fazer outra, zombem de tuas palavras, abanando a cabeça.

Exerces cura de almas? Não negligencies por isso o cuidado de ti mesmo, nem dês com tanta liberalidade aos outros que nada sobre para ti. Com efeito, é preciso te lembrares das almas que diriges, sem que isso te faça esquecer da tua. Entendei, irmãos, nada mais necessário aos eclesiásticos do que a oração mental que precede, acompanha e segue todos os nossos atos: Salmodiarei, diz o Profeta, e entenderei (cf. Sl 100,1 Vulg.). Se administras os sacramentos, ó irmão, medita no que fazes; se celebras a missa, medita no que ofereces; se salmodias no coro, medita a quem e no que falas; se diriges as almas, medita no sangue que as lavou e, assim, tudo o que é vosso se faça na caridade (1Cor 16,14). Deste modo, as dificuldades que encontramos todos os dias, inúmeras e necessárias (para isto estamos aqui), serão vencidas com facilidade. Teremos, assim, a força de gerar Cristo em nós e nos outros.

c. Confusão teológica e bíblica, não havia uma linha comum da interpretação da teologia, muitas ideias errôneas circulavam no meio do povo. Desnorteadas eram as cabeças e mais desnorteado era o povo.

d. A situação precipitou-se com a ***venda das indulgências.*** O que são as indulgências? É a diminuição da pena do purgatório pelos pecados cometidos. Mas isso era possível por meio de uma "taxa econômica", uma misericórdia comprada.

e. No ano 1517, o papa Leão X prometeu muitas indulgências para quem dava esmola para a construção da Basílica de São Pedro.

MARTINHO LUTERO (1483-1546)

Martinho Lutero iniciou a revolta na Alemanha. É um monge agostiniano que, por motivo das vendas das indulgências, se rebelou contra Roma. É considerado fundador do protestantismo. Em sua teologia sustenta que não é necessária a mediação da Igreja para a salvação e nem as obras. A salvação é um dom gratuito de Deus, sem necessidade das obras. A pura justificação da fé e não das obras. Toda a sua teologia foi resumida em 95 teses que, em 1517, colocou na porta da Catedral de Winttenberg. Os historiadores consideram essa a data da consumação da heresia luterana e início do protestantismo. No dia 10 de dezembro de 1520, em praça pública, queimou alguns livros e a mesma bula Papal que o convidava a retirar suas afirmações. Lutero foi chamado a Roma, recusou-se, foi excomungado e procurou apoio entre os poderosos do tempo, também eles cansados de Roma, encontrou o apoio político por suas ideias religiosas. Casou-se com uma ex-religiosa Katharina Von Bora (1499-1552). Foi inútil o celibato para os sacerdotes e não viu nenhum motivo para o voto religioso da castidade.

Eis as três teses principais de Martinho Lutero:

a. O livre exame: a palavra de Deus, para ser compreendida, não necessita da mediação da Igreja, o fiel é o intérprete da palavra de Deus. Reconhece somente dois sacramentos, o batismo e a Eucaristia.

b. Justificação pela fé: nós somos orientados para o mal, salvamo-nos somente se Deus nos doa a fé, a salvação nasce da destinação.

c. O sacerdócio universal: Para Lutero, diante de Deus não tem distinção entre sacerdotes e leigos, pela fé todos são sacerdotes, não tem necessidade da castidade...

A revolta de Lutero se espalhou rapidamente, especialmente entre os povos de língua alemã e em outros países, e encontrou, como dizíamos, o apoio de príncipes: foi uma revolta religiosa-política.

O movimento iniciado por Martinho Lutero não ficou restrito na Alemanha, mas sim entrou na Suíça com Zwinglio (1484-1531), teólogo suíço, reformador da Igreja suíça sob o modelo de Lutero. Giovanni Calvino (1509-1564) com Lutero são os maiores difusores e reformadores do protestantismo. Na Inglaterra, com Henrique VIII (1491-1547), dará vida à Igreja anglicana, para se casar com Ana Bolena (1501 provavelmente - 1536). Foi alargando-se sempre mais, colocando em risco a fé católica. A esses movimentos houve reações exageradas e sem misericórdia.

Não podemos falar naquele tempo de ecumenismo, foram guerras autênticas de religião, que abalaram a mente, a vida e o coração de tantas pessoas. Foi derramado sangue inocente e foi pisada a liberdade religiosa de escolher a religião que cada um quer e sente ser a verdadeira no coração. Quando na religião se mistura política e economia o resultado foi, é e será sempre negativo. Um autêntico desastre.

A CONTRARREFORMA

Embora a Igreja não fosse pega de surpresa pela reação de Lutero e dos outros reformistas, ela conhecia bem que não tinha mais uma coesão teológica e muito menos um profetismo moral, que desse autoridade espiritual à mesma hierarquia da Igreja. Era necessário fazer algo para curar o câncer do poder, do dinheiro, do luxo e da imoralidade, que trazia dentro de seu seio. Passaram-se alguns anos de guerras de palavras entre o Papa, os Bispos, os teólogos e os reformistas. Mas a situação se agravou quando a Igreja pensou e viu que era necessário realizar um Concílio. Onde? Foi escolhida a cidade de Trento, por ser mais perto dos países germânicos e mais fácil para ser alcançada, ponto central para os participantes.

Quando? Foi estabelecido o dia 13 de dezembro de 1545. Foi convocado pelo papa Paulo III. O objetivo central do Concílio é a "reforma" da Igreja católica, discussão sobre dogmas e doutrina. Como reação à reforma protestante de Lutero e dos outros que "tinham aderido" às suas ideias protestantes.

Participantes nas últimas sessões do Concílio eram 255, mas esse número oscilou muito durante as várias sessões. O Concílio foi iniciado pelo papa Paulo III, continuado pelo papa Júlio III, pelo papa Marcello II e pelo papa Pio IV. O instrumento que o Concílio de Trento encontrou para reagir à reforma protestante foi constituir um tribunal, que será chamado de Santa Inquisição. No início tinha como objetivo refutar e condenar as heresias doutrinais, lentamente se tornou um verdadeiro tribunal de perseguição e de tortura, que "anulou" a bondade e misericórdia do evangelho.

O Concílio de Trento reafirma a doutrina da Igreja, os sete sacramentos, o valor das indulgências, os valores doutrinais e teológicos da tradição, condena com energia todas as divisões heréticas e tenta "reformar" os costumes da mesma Igreja. Reafirma a autoridade do Papa e a existência do purgatório, a justificação é fé e obras juntos. O Concílio de Trento foi uma resposta, que fez surgir de um lado um florescer maravilhoso de "reformas" dentro da mesma Igreja, e de outro lado uma rígida disciplina que não ajudou a curar o mal pela raiz.

É nesse momento que surgem o que podemos chamar de escolas de "***ESPIRITUALIDADE***", isto é, um caminho de esforço reformista, especialmente nos países "latinos", Espanha, França, Itália... Nesse contexto veremos algumas pessoas mais importantes dessas três escolas.

ESCOLA ESPANHOLA

A Igreja espanhola não é isenta dos pecados do século, riqueza, relaxamento nos conventos, seja masculinos ou femininos. A recém-descoberta da América (1492) inflama de esperança a muitos espanhóis, que decidem tomar o caminho para a nova Espanha. A essa situação de busca se tenta dar uma resposta para resgatar a verdadeira teologia e fidelidade.

A riqueza da escola espanhola dá uma resposta às expectativas do Concílio de Trento. Encontramos vários movimentos de renovação espiritual, alguns diríamos até fundamentalistas, centrando toda a renovação sobre a austeridade e penitência física. Outros mais equilibrados souberam colocar oração e trabalho apostólico, que deram um novo sentido à vida da mesma Igreja e em particular à vida religiosa. Florescem vários grupos de vida religiosa... reformada.

JOÃO DE ÁVILA (1499-1569)

Pertence a uma rica família judia, estuda direito civil. Depois de uma crise de identidade se converte, abandona a advocacia e escolhe uma vida eremítica. Estuda filosofia e teologia em Alcalá e pensa ir em missão ao México, mas, por motivos desconhecidos, no último momento não parte. Nós o encontramos em Sevilha, continuando os estudos de teologia. É um ótimo pregador na terras Andaluzas, sofre e passa um período na cadeia por obra da inquisição. João de Ávila é um ótimo sacerdote e será canonizado pelo Papa São Paulo I, que o apresentará como modelo de sacerdote e de pregador do evangelho. É um santo muito estimado por Santo Inácio de Loyola e pela mesma Santa Teresa d'Ávila. O papa Bento XVI, no dia 12 de outubro de 2012, proclamou-o Doutor da Igreja. Sua doutrina assim é referência para a vida teológica e espiritual da Igreja universal. Um contemplativo que não foge da missão apostólica.

BERNARDINO DE LAREDO (1482-1540)

É franciscano, nasce em uma família nobre. Quando jovem segue no serviço militar e, de repente, quando um companheiro seu se torna franciscano, entra em uma crise de conversão, abandona seu trabalho de médico, entra como Irmão Leigo entre os franciscanos, é escolhido para ser enfermeiro dos frades doentes e anciãos. Em seu serviço é cheio de ternura e de bondade. Escreve a "Subida do monte Sion". É um tratado de ascética e mística. Segue o caminho das três fases da vida contemplativa: purificação, união com os mistérios de Cristo, união contemplativa mística. Com suas ideias influencia os místicos espanhóis posteriores, mesmo a Santa Teresa d'Ávila. Também João da Cruz leu a Subida do Monte Sion. A maturidade da vida espiritual se dá por meio de uma oração de quietude e de paz interior.

FRANCISCO DE OSUNA (1492-1540)

Pouco sabemos de sua infância. Nasce no território de Osuna. Ao redor dos 18 anos orienta sua vida para o sacerdócio e para a vida contemplativa. Em 1523 mora no convento franciscano de Guadalajara, distingue-se como ótimo mestre espiritual e é procurado por todo tipo de pessoas da Igreja e da sociedade de seu tempo. Escreve o "Terceiro abecedário da oração", no qual apresenta um caminho que leva a Deus. Em sua visão teológica, a penitência é muito importante, principalmente se é uma escolha por Cristo Jesus e por sua Paixão. As coisas têm um valor muito relativo e devem ser desprezadas, sua doutrina é muito importante também para a espiritualidade carmelitana. Santa Teresa tirou muito proveito de sua leitura e aconselha esse livro a suas monjas.

A meditação da Paixão de Cristo ocupa o centro da atenção de Francisco de Osuna, é o verdadeiro caminho para se chegar à íntima união com Deus. Permanece um dos autores espirituais mais importantes para compreender a escola espanhola, que influenciarão a Igreja nos séculos sucessivos.

PEDRO DE ALCÂNTARA (1499-1562)

Nasce em Alcântara no ano 1499, estuda letras e filosofia. Aos 16 anos toma a decisão de ser franciscano e se distinguiu pela austeridade de sua vida. Foi conselheiro de Santa Teresa d'Ávila na reforma carmelitana. A mística espanhola Teresa tem uma grande confiança nele, mesmo que não o imite e não queira que suas monjas imitem seu estilo de penitência. Como sacerdote, sua pregação e seus escritos são dirigidos ao povo simples. Foi uma presença marcante para a Espanha de seu tempo. Homem admirado por todos por sua penitência, pobreza e oração. Para ele a mesma vida é uma cruz que deve ser levada com paciência e profundo amor. A oração é a fonte do fervor e do entusiasmo apostólico. Tudo deve levar-nos a Deus, especialmente dominando a nós mesmos de nossos defeitos.

Santa Teresa de Jesus (Ávila) o descreve muito bem:

> *E que bom modelo Deus nos levou agora no bendito Frei Pedro de Alcântara! O mundo não consegue suportar tanta perfeição. Fala-se que a saúde está mais fraca e que são outros os tempos. Esse santo homem viveu nesta época, mas seu espírito era vigoroso como nos outros tempos; ele tinha o mundo sob os pés. Mesmo que não andemos descalços nem façamos penitências tão duras quanto ele, há muitas coisas, como eu já disse outras vezes, com que se desprezar o mundo; quando vê disposição, o Senhor as ensina. E que grande coragem Sua Majestade deu a esse santo de que falo, que, como todos sabem, fez durante quarenta e sete anos uma áspera penitência! Quero dizer algo sobre isso, pois sei que é pura verdade.*
>
> *Ele me contou, e a outra pessoa, para a qual não tinha segredos (quanto a mim, a causa de me dizer foi o amor que me tinha, amor que o Senhor nele inspirou para que cuidasse de mim e para me animar num momento de muita necessidade, como eu disse e direi): pelo que me lembro, ele disse que por quarenta anos dormiu apenas uma hora e meia por dia. Contou que no início sua maior penitência foi vencer o sono e que, para isso, ficava sempre de joelhos ou de pé; quando dormia, era sentado, com a cabeça en-*

costada a um pedaço de madeira que tinha pregado na parede. Ainda que quisesse, não podia deitar-se, porque sua cela, como se sabe, não tinha nem um metro e meio. Em todos esses anos, nunca se cobriu com um capuz, por mais fortes que fossem o sol ou a chuva, nunca cobriu os pés e só vestia o corpo com um hábito de saial sem nada mais sobre a carne. Tratava-se de um hábito bem apertado, por cima do qual ele usava um pequeno manto do mesmo pano.

Ele me contou que tirava o manto quando fazia muito frio e deixava a porta e o postigo da cela abertos, a fim de que, pondo depois o manto e fechando a porta, o corpo fosse contentado e ficasse sossegado com algum abrigo. Ele costumava comer somente de três em três dias, afirmando ainda que isso não era motivo de espanto, por ser muito possível a quem se acostumasse. Um companheiro seu me contou que ele às vezes passava oito dias sem comer. É provável que isso ocorresse quando ele estava em oração, porque tinha grandes arroubos e ímpetos de amor de Deus, como testemunhei certa feita.

Era extrema sua pobreza; na mocidade, foi tamanha sua mortificação que, segundo me contou, aconteceu de passar três anos numa casa de sua Ordem sem conhecer nenhum frade a não ser pela fala; porque jamais levantava os olhos. Ele não conhecia os lugares a que por necessidade tinha de ir, pois seguia os outros frades. Fazia o mesmo em todos os caminhos. Nunca olhou uma mulher - e isso por muitos anos. Disse-me que pouca diferença fazia para ele ver ou não ver; mas era muito velho quando o conheci, e tão extrema sua fraqueza que parecia feito de raízes de árvores.

Com toda essa santidade, era muito afável, se bem que de poucas palavras, a não ser quando falavam com ele. Sua conversa era muito agradável, por ser grande sua compreensão. Quisera dizer muitas outras coisas, mas tenho medo de que vossa mercê pergunte por que me intrometo nisso, e foi temerosa que o escrevi. Concluo, pois, dizendo que seu fim foi como sua vida; ele morreu pregando e admoestando seus religiosos. Quando viu que tinha chegado sua hora, disse o salmo Laetatus sum in his quae dicta sunt mihi (Alegrei-me com o que foi dito) e, de joelhos, expirou. (V 27,16-18)

SANTO INÁCIO DE LOYOLA (1491-1556)

Nasce no castelo dos Loyola. São cinco irmãs e sete irmãos, uma família numerosa. Um ambiente católico austero em que ele passa sua primeira infância. Inácio escolhe a vida militar e uma vida de corte dissoluta e sem freios morais. No dia 20 de maio de 1521 fica ferido em batalha, refugia-se em seu castelo, e para amenizar o tempo de sua convalescência pede livros para ler. São-lhe dados não livros de cavalarias, como ele mesmo teria desejado, mas livros de santos. Fica tocado pela vida de São Domingos e São Francisco.

Restabelecido, faz uma peregrinação a Montserrat, onde se confessa e se converte... Inicia seu novo caminho de andarilho do Senhor. Em 1523, toma o caminho da Terra Santa, une-se a um grupo de "iluminados", experimenta o cárcere da inquisição.

Com seis companheiros em Montmartre emite os votos religiosos e dá início à Companhia de Jesus. O dia 27 de setembro de 1540 é reconhecido pelo papa Paulo II como data oficial da fundação dos jesuítas. Publica os famosos **Exercícios Espirituais,** uma obra de profunda espiritualidade para se arrepender dos pecados e chegar assim à comunhão mais alta com Deus. Um livro que, com o passar do tempo, adquire cada vez mais importância. O movimento dos Jesuítas tem imediatamente uma expansão imensa, não só na Espanha, mas pelo mundo afora. São mestres, teólogos, pedagogos muito respeitados. A primeira biografia de Santa Teresa será um jesuíta a escrevê-la, o Padre Jerônimo de Ripalda.

O itinerário de Inácio tem como centro Jesus Cristo. O cristão deve buscar a comunhão com Cristo através de um caminho de paz, harmonia introspectiva. E o ser humano deve se esforçar para cooperar com a graça de Deus. Inácio é um profeta e lança as bases de uma espiritualidade cristocêntrica. Podemos dizer que ele influenciou e influencia a Igreja de todos os cinco continentes. A Igreja é muto devedora a Inácio de Loyola.

TERESA DE JESUS (1515-1582)

A minha tentação seria dedicar aos místicos espanhóis Santa Teresa de Jesus ou d'Ávila e a São João da Cruz um grande espaço, quem sabe muitas páginas. Não somente pela importância que eles têm, com Santo Inácio de Loyola, como representantes expressivos desse período histórico do séc. XVI, mas não seria justo em uma visão rápida dos personagens mais importantes. Quem sabe um dia vou escrever uma biografia ampla sobre os três "influencers", diríamos hoje, de toda a espiritualidade: Inácio de Loyola, Teresa de Jesus e João da Cruz.

Com Teresa podemos abrir a escola carmelitana Descalça, porque ela, embora carmelita, "mulher inquieta e andarilha", sente a necessidade de um retorno às fontes, e em 1562, na festa de São Bartolomeu, dá vida a sua primeira comunidade de Descalças, o mosteiro de São José, que ela mesma define "uma estrela que iluminará o mundo". Teresa nasce no dia 28 de março de 1515, em uma família de judeus convertidos. Passa sua infância na família, sob a sombra protetora do pai, porque a mãe, dona Beatriz, morre quando Teresa tem 13 anos. Estuda nas Irmãs Agostinianas de Ávila, aos 20 anos foge de casa para entrar no mosteiro carmelitano da Encarnação, fora das muralhas de Ávila.

Uma vida de doenças misteriosas, lê livros que a ajudam em sua decisão, como o Terceiro Abecedário de Francisco de Osuna e as Confissões, de Santo Agostinho, as Cartas de São Jerônimo e os Discursos de São Gregório Magno. Considera-se uma convertida. Lentamente vai amadurecendo em sua consciência uma conversão a Jesus e sente que é chamada para uma vida de fraternidade, de oração, de pobreza, e que isso não lhe é possível viver em uma comunidade numerosa de 180 monjas, como era o mosteiro da Encarnação.

Teresa se torna fundadora errante pela Espanha, encontra muitos amigos e também... inimigos, que obstaculizam seu projeto fundacional, mas ela não desiste e corajosamente vai em frente. Nós a encontramos pela Espanha, fundando mosteiros de monjas e de frades. Ela mesma opera uma reforma entre os frades, tendo como cooperador Frei João da Cruz, que será confessor no Carmelo da Encarnação. A ruptura entre Calçados e Descalços provoca não pouco desentendimento e dores, mas tudo é superado pela paciência, que tudo alcança. Os últimos 20 anos de Santa Teresa são anos de intenso trabalho fundacional, mas também como escritora e muito mais por suas experiências místicas.

Escreve as seguintes obras:

LIVRO DA VIDA: não é uma autobiografia cronológica, mas sim um cântico das misericórdias do Senhor;

CAMINHO DE PERFEIÇÃO: escreve-o para as monjas, para ensinar como deve viver uma autêntica carmelita;

FUNDAÇÕES: é a relação das fundações dos mosteiros, mas também Teresa aproveita da ocasião para falar de Deus, de oração, de abandono e de confiança em sua Majestade;

CASTELO INTERIOR: é considerada a obra-prima de Teresa. É um livro de profunda antropologia e teologia mística. Teresa nos toma pela mão e nos conduz de morada em morada até a morada central, a sétima, onde mora o Rei, Sua Majestade, e onde permanecemos com Ele, em um matrimônio espiritual;

CARTAS: em 20 anos, segundo os autores, embora nós tenhamos somente 450 cartas, ela teria escrito mais de 15.000 cartas, onde trata dos assuntos mais variados, desde orientações espirituais, administrativas ou econômicas... Teresa aproveita de todas as circunstâncias para falar de Deus.

É a primeira mulher a ser proclamada Doutora da Igreja, e sempre foi considerada mestra dos espirituais. Uma Santa que, com o passar do tempo, tem sua doutrina sempre mais atual. Quem busca a Deus e seus segredos não pode deixar de ler e meditar Teresa. Sua doutrina é apreciada pelas pessoas de todas as religiões. Não é uma doutrina popular, mas para quem tem, como diria a mesma Teresa, "um pouco de experiência... porque eu falo só do que sei". Não é difícil. Amiga de teólogos, de Bispos, sabe como se movimentar para não cair nas grelhas da inquisição.

Santa Teresa descobre a humanidade de Cristo contemplando a paixão do Senhor.

> 1. *Minha alma já estava cansada e, embora quisesse, seus maus costumes não a deixavam descansar. Aconteceu-me de, entrando um dia no oratório, ver uma imagem guardada ali para certa festa a ser celebrada no mosteiro. Era um Cristo com grandes chagas que inspirava tamanha devoção que eu, de vê-lo, fiquei perturbada, visto que ela representava bem o que Ele passou por nós. Foi tão grande meu sentimento por ter sido tão mal-agradecida àquelas chagas que meu coração quase se partiu; lancei-me a seus pés, derramando muitas lágrimas e suplicando-lhe que me fortalecesse de uma vez para que eu não o ofendesse.*
>
> 2. *Eu era muito devota da gloriosa Madalena e muitas vezes pensava em sua conversão, em especial quando comungava, certa de que o Senhor estava dentro de mim, pondo-me a seus pés, por ter a impressão de que minhas lágrimas não seriam desdenhadas; e eu não sabia o que dizia (pois muito fazia quem permitia que eu as derramasse, já que eu logo esquecia aquele sentimento), encomendando-me a essa gloriosa Santa para que ela me alcançasse o perdão.*
>
> 3. *Mas esta última vez, com a imagem de que falei, parece-me ter sido mais proveitosa, porque eu já desconfiava muito de mim mesma e depositava toda a minha confiança em Deus. Creio que eu disse que não me levantaria dali enquanto a minha súplica não fosse atendida. Tenho certeza de que isso me beneficiou, porque a partir de então fui melhorando muito.*

4. Eu rezava assim: como não podia raciocinar com o intelecto, esforçava-me por representar Cristo dentro de mim, e sentia-me melhor ao que parece - nas passagens onde o via mais sozinho. Eu acreditava que, estando só e aflito, Ele haveria de me acolher, sendo eu pessoa necessitada. Eram muitas as minhas simplicidades desse tipo.

Eu me sentia muito bem, em especial na oração do Horto, onde lhe fazia companhia; ficava pensando no suor e na aflição que ele sofrera, desejando, caso fosse possível, enxugar-lhe o suor tão doloroso, mas lembro-me de que nunca ousei fazê-lo, pois vinham à lembrança os meus graves pecados; eu ficava ali, com Ele, enquanto os meus pensamentos deixavam, porque eram muitos os que me atormentavam. Por longos anos, quase todas as noites, antes de dormir, ao me encomendar a Deus para dormir, eu sempre pensava um pouco nessa passagem da oração do Horto, mesmo antes de ser monja, porque me disseram que com isso se obtinham muitos perdões; e tenho para mim que a minha alma muito ganhou com isso, porque comecei a orar sem saber que o fazia, tendo esse costume ficado tão constante que nunca o abandonei, assim como nunca deixei de me persignar para dormir.

5. Voltando ao que dizia do tormento que os pensamentos me traziam: proceder sem o discurso do entendimento requer que a alma esteja muito concentrada ou perdida, perdida em distrações. Aproveitando, é grande o ganho da alma, por ser progresso no amor. Mas, para chegar a isso, fazem-se grandes esforços, a não ser que o Senhor se digne conduzir a alma, num breve espaço de tempo, à oração de quietude, o que acontece com algumas pessoas que conheço. Para quem segue esse caminho, é útil um livro que leve ao rápido recolhimento. Eu também me beneficiava de ver campos, águas, flores; encontrava nessas coisas a lembrança do Criador, isto é, elas me despertavam e me recolhiam, servindo-me de livros, ao mesmo tempo que me lembrava da minha ingratidão e dos meus pecados. Era tão grosseiro o meu intelecto que jamais pude imaginar coisas do céu ou coisas elevadas, até que o Senhor as representasse de outra maneira para mim.

6. Eu era tão pouco hábil na representação de imagens mentais que, se não visse com os meus próprios olhos, pouco uso fazia da imaginação, ao contrário de certas pessoas que conseguem servir-se dela quando se recolhem. Eu só podia pensar em Cristo como homem, mas nunca pude representá-lo no meu interior, por mais que lesse sobre a sua beleza e por mais que contemplasse suas imagens; eu agia como uma pessoa cega ou no escuro, e que, falando com outra, sabe que está com ela porque tem certeza da sua presença (digo, percebe e crê que ela está ali, mas não a vê); assim ficava eu quando pensava em nosso Senhor. E por isso eu gostava tanto de imagens. Infelizes os que por sua culpa perdem esse bem! Bem parece que não amam o Senhor, porque, se o amassem, gostariam de ver seu retrato, como no mundo há prazer em contemplar o retrato daqueles a quem se quer bem.

7. Deram-me nessa época as Confissões de Santo Agostinho. Parece que o Senhor o ordenou, porque nunca as procurei nem as tinha visto. Sou muito afeiçoada a Santo Agostinho, porque o mosteiro onde fui secular era de sua Ordem, e também por ele ter sido pecador. Nos santos que o foram e, depois de sê-lo, foram atraídos outra vez pelo Senhor eu encontrava muito consolo, parecendo-me que neles encontraria ajuda e que, como os havia perdoado, o Senhor também poderia me perdoar. Só uma coisa me desconsolava, como eu disse: o Senhor só os chamou uma vez, e eles não voltaram a cair; quanto a mim, já eram tantos os chamados que isso me afligia. Mas, considerando o amor que Ele tinha por mim, eu me reanimava, pois da sua misericórdia jamais duvidei, enquanto de mim duvidava com frequência.

8. Valha-me Deus! Como me espanta a teimosia da minha alma, apesar de tanta ajuda de Deus! Traz-me medo ver minha grande fraqueza e os vínculos que me impediam de me entregar por inteiro a Deus.

Começando a ler as Confissões, tive a impressão de me ver ali. Passei a encomendar-me muito a esse glorioso Santo. Quando cheguei à sua conversão e li que ele ouvira uma voz no jardim, senti ser o Senhor quem me falava, tamanha foi a dor do meu coração. Passei muito tempo chorando, com grande aflição e sofrimento. Como sofre uma alma, valha-me Deus, por perder a liberdade de ser senhora de si mesma, e que tormentos padece! Hoje me admiro por ter podido viver com tanta aflição. Glória a Deus, que me deu vida para eu sair de uma morte tão mortal.

9. A minha alma ganhou grandes forças da Divina Majestade, que deve ter ouvido minhas súplicas e ter-se condoído por tantas lágrimas. Aumentou em mim a vontade de ficar mais tempo com Ele; passei a fugir das ocasiões de pecado porque, livre delas, logo voltava a amar Sua Majestade. Eu bem sabia que o amava, mas não compreendia, como iria entender, o que é amá-lo verdadeiramente.

Creio que eu nem bem me dispunha a querer servi-lo e Sua Majestade já recomeçava a me deliciar. Eu via que aquilo que os outros procuram adquirir com muito esforço, o Senhor instava comigo para que eu o rece-

besse, visto que, nos últimos anos, já me concedia gostos e regalos. Jamais me atrevi a suplicar que me desse isso ou ternura de devoção; eu lhe pedia apenas que me desse graças para que não o ofendesse e que perdoasse meus grandes pecados. Vendo-os tão grandes, nunca me atrevi conscientemente a desejar regalos ou gostos. Para mim, sua piedade já fazia demais permitindo-me permanecer diante de si e trazendo-me a sua presença, pois eu via bem que, se Ele não me procurasse tanto, eu sozinha nunca o faria.

Lembro-me apenas de uma ocasião em que lhe pedi consolações, por estar muito necessitada; porém, vendo que o fazia, fiquei tão confusa que a dor de me ver com tão pouca humildade me deu o que eu me atrevera a pedir. Eu sabia que não era errado pedi-las, mas achava que quem as merecia eram os que estavam bem-dispostos, e que tinham procurado a verdadeira devoção com todas as suas forças, sendo esta não ofender a Deus e estar pronto e determinado para todo bem. Eu pensava que as minhas lágrimas eram coisinhas de mulher, ineficazes, pois eu não conseguia com elas o que desejava. No entanto, acho que me valeram; porque, especialmente depois dessas duas vezes de tão grande arrependimento e de tanta dor no coração, passei a me dedicar mais à oração e a me afastar das coisas que me pudessem trazer a perdição, embora não o fizesse de todo, contando com a ajuda de Deus para delas me separar. Como Sua Majestade só esperava alguma correspondência de minha parte, as graças espirituais foram aumentando da maneira como vou contar. Trata-se de algo incomum, porque o Senhor as costuma dar aos que têm maior pureza de consciência (Vida 9,1-9).

O caminho que Teresa apresenta como solução de tudo é a oração. Particularmente interessante são as quatros maneiras de regar o jardim, de que ela fala nos capítulos 11-22 do Livro da Vida. Rica de experiências místicas, desconfia de si mesma, por isso realiza sempre um bom discernimento com seus confessores, sobre o que Deus lhe pede. Seus escritos são publicados em todas as principais línguas do mundo. Amiga verdadeira, sente a necessidade de amizade, não quer caminhar sozinha. Não busca a referencialidade, mas é referencial para muitas pessoas que buscam a Deus. Tem em sua vida a presença de vários amigos fiéis, especialmente o Carmelita Padre Graciano e o mesmo São João da Cruz. Desconfia de quem faz grandes penitências. Ela sentencia: "também entre as panelas da cozinha está o Senhor!" É famosa sua máxima:

Nada te perturbe,
Nada te espante,
Tudo passa.
Deus não muda.
A paciência tudo alcança.
Quem a Deus tem nada lhe falta.
Só Deus basta.

SÃO JOÃO DA CRUZ (1542-1591)

São João da Cruz nasce no pequeno povoado de Fontiveros, provavelmente no dia 24 de junho de 1542. Família pobre, o pai Gonzalo foi deserdado por parte dos parentes por ter-se casado com Catalina, mulher pobre. João da Cruz fica órfão na infância. O pai e um irmão morrem, quem sabe por causa da pobreza. Aos nove anos o encontramos na grande Medina del Campo e para viver ele se torna esmoleiro e ajudante no hospital das doenças contagiosas, chamado Hospital das Bubbas. Exerce o ofício de sacristão e pede esmola para o hospital. É estimado e amado por todos por sua simplicidade, laboriosidade, adapta-se a fazer todos os serviços. Trabalha duro de dia e estuda à luz da vela de noite. Silencioso, mas comunicativo. Busca silêncio e solidão para dedicar-se à oração. Aos 18 anos entra no convento dos Carmelitas em Medina del Campo e assume o nome de Frei João de São Matias. Estuda em Salamanca.

No mês de setembro nós o encontramos em Medina del Campo para celebrar sua primeira missa. Um outro carmelita,

ANTONIO DE HEREDIA, que desejava seguir os passos na reforma de Teresa, coloca Frei João em contato com a Madre Teresa, que naqueles dias se encontrava em Medina. Um rápido encontro, os dois místicos se entendem, João abandona a ideia de ser Cartuxo e Teresa promete que, em breve, realizará a reforma entre os homens, para que suas monjas tenham uma assistência de sacerdotes que vivam a mesma espiritualidade. No dia 28 de novembro de 1568, primeiro domingo do Advento, inicia a vida dos primeiros Carmelitas Descalços em Duruelo.

João de São Matias mudará de nome e chamar-se-á Frei João da Cruz. Encontra-se como um peixe no mar, na solidão, na oração e no apostolado, que pode realizar na redondeza. É o braço direito de Teresa e trabalha pela reforma carmelitana, ama as letras, por isso favorece a cultura entre os primeiros carmelitas. Sofre por causa de sua decisão de ser Carmelita contemplativo. Passará um período no cárcere conventual de Toledo, de onde foge na véspera da festa da Assunção ao céu da Virgem Maria, na noite de 13 de agosto de 1579. Assiste a toda a evolução do Carmelo reformado, morre na mais total solidão na noite do dia 13 de dezembro de 1592, em Ubeda. Filósofo e teólogo, mas principalmente místico, que através de seus escritos descreve o caminho da alma que quer chegar a Deus, suas lutas, suas alegrias, as dificuldades. Seus livros são um autêntico "vade-mécum" para quem quer caminhar na vida interior ou para quem tem o ministério e a responsabilidade de dirigir e guiar as almas até Deus. "Muitas almas chegariam a Deus se tivessem alguém que as conduzisse", diz o mesmo João da Cruz.

ESCRITOS

Para entender João da Cruz nunca devemos esquecer que ele é, antes de tudo, um poeta de alta qualidade. Sua doutrina é a poesia e depois, porque lhe pedem que explique as poesias, ele descreve o que quer dizer.

SUBIDA DO MONTE CARMELO: é uma obra ascética em que João da Cruz comenta as estrofes da poesia "Noite Escura". É livro que exige uma profunda atenção e que normalmente "apavora" os leitores por sua dureza. Não é fácil escalar o Monte Carmelo, em cujo cume está somente a honra e a glória de Deus. Traça um gráfico da Subida do Monte Carmelo, onde não se deve percorrer nem o caminho da direita e nem da esquerda, mas somente o caminho central, que é marcado pelos "nada... nada... nada... nada..." Jesus crucificado é a meta a que devemos chegar. Foi escrito para os frades carmelitas, de quem ele era prior e formador.

NOITE ESCURA: Um outro livro que, muitas vezes, provoca medo, porém João da Cruz não é o santo do medo, mas do amor. Neste livro traça o caminho da alma. Deus "coloca a alma que quer conduzir à sua intimidade na noite, para que ela possa purificar-se". Um livro que parte de um profundo conhecimento do espírito humano, feito de momentos de alegria, mas também de momentos purificativos. João da Cruz nos fala da noite dos sentidos e do espírito. A noite é dolorosa, mas benéfica. A noite que não deve ser confundida, como muitos fazem hoje, com a "depressão". Depressão é doença e necessita de psicólogo e psiquiatra. As noites de João da Cruz são obra de Deus, precisam de oração, de paciência e de um bom diretor espiritual. A leitura da Subida e da Noite deveria ser leitura obrigatória para todos os que se decidem a buscar a Deus. Quais são as noites de hoje? A fome, a miséria, as desigualdades, as marginalizações são terríveis noites que vivemos no mundo de hoje. E as noites da Igreja? E as pessoais? Congregacionais? São momentos que, se sabemos vivenciar, têm uma grande utilidade. João da Cruz trata das noites ativas e passivas, das noites que nós provocamos com nossa superficialidade e daquelas que são obra de Deus. Na noite devemos permanecer tranquilos até a noite passar...

CÂNTICO ESPIRITUAL: É para mim a obra mais pedagógica do mestre João da Cruz. Ele mesmo diz no prólogo que quer tomar a alma pela mão e conduzi-la até a íntima união com Deus, que é o matrimônio espiritual. Um caminho que ele desenvolve com extrema competência e paciência ao longo das 49 estrofes. É um cântico ecológico, místico e ascético, porém a ascese não como fim em si mesma, mas como caminho. Basta citar uma estrofe e um comentário...

> *Canção XXVI*
> *Na interior adega*
> *Do Amado meu, bebi; quando saía,*
> *Por toda aquela várzea*
> *Já nada mais sabia,*
> *E o rebanho perdi que antes seguia.*

> *EXPLICAÇÃO*
>
> *1. Conta a alma, nesta canção, a soberana mercê que Deus lhe fez, em reconhecê-la no íntimo de seu amor, e esta é a graça da união transformante no amor divino. Refere dois frutos que daí tirou: olvido e alheamento de todas as coisas do mundo, e mortificação de todos os seus apetites e gostos.*

No interior adega

2. Para dizer algo sobre esta adega e declarar o que a alma aqui deseja exprimir ou significar, seria mister que o Espírito Santo tomasse a mão e movesse a pena. Esta adega, mencionada pela alma, é o mais extremo e íntimo grau de amor, a que ela pode chegar nesta vida. Esta é a razão de dar-lhe o nome de adega interior, isto é, a mais íntima; donde se conclui que há outras, menos interiores, a saber, os graus de amor pelos quais se sobe esta última. Podemos classificar estes graus ou adegas de amor em número de sete; a alma os possui todos, quando se acha na posse perfeita dos sete dons do Espírito Santo, segundo sua capacidade para os receber. Assim, quando a alma chega a possuir em perfeição o espírito de temor, tem igualmente em perfeição o espírito de amor, pois esse temor, que é o último dos sete dons, é filial, e sendo temor perfeito de filho, procede do amor perfeito do Pai. Vemos que a Sagrada Escritura, quando quer dizer que alguém é perfeito na caridade, chama-o temente a Deus. Donde Isaías, profetizando a perfeição de Cristo, disse: "Será cheio do espírito do temor de Deus" (Is 11,3). E também São Lucas chama ao velho Simeão de timorato: "Era varão justo e timorato" (Lc 2,25). E o mesmo é dito de muitos outros.

3. Notemos que muitas almas chegam e entram nas primeiras adegas, cada uma segundo a perfeição de amor que lhe é própria; mas, nesta última e mais interior, poucas são as almas que nela penetram, nesta vida; porque aí já se realiza a perfeita união com Deus, chamada matrimônio espiritual, e referida pela alma neste lugar. O que Deus lhe comunica nessa estreita união é totalmente inefável; não se pode traduzir por palavras, assim como não é possível dizer algo que corresponda ao que ele é em si mesmo. É o próprio Deus quem se comunica à alma, como admirável glória, transformando-a nele; ambos não fazem mais que um, por assim dizer, como a vidraça com o raio de sol que a ilumina, ou como o carvão inflamado e o fogo, ou ainda como a luz das estrelas com a do sol. Esta união, todavia, não se efetua de modo tão perfeito e essencial como na outra vida. Para dar uma ideia do que recebe de Deus nesta adega interior de união, a alma não diz outra coisa, nem penso poderia dizer palavra mais adequada, para exprimir algo desse mistério, do que o verso seguinte:

Do Amado meu, bebi

4. Assim como a bebida se espalha e derrama por todos os membros e veias do corpo, assim esta comunicação divina se difunde substancialmente em toda a alma, ou, dizendo melhor, a alma se transforma toda em Deus, e, nessa transformação, bebe de seu Deus conforme sua própria substância e segundo suas potências espirituais. Quanto ao entendimento, bebe sabedoria e ciência; quanto à vontade, bebe amor suavíssimo; e, quanto à memória, bebe alegria e deleite, com lembrança e sentimento de glória. Referindo-se primeiramente ao deleite que recebe e goza em sua substância, diz a alma nos Cantares: "Minha alma se derreteu quando o Amado falou" (Ct 5,6). O falar do Esposo significa justamente essa comunicação dele à alma.

5. Que entendimento beba sabedoria, também o declara a Esposa no mesmo livro, quando, em seu desejo de alcançar esse beijo de união, pediu-o ao Esposo dizendo: "Ali me ensinarás", - isto é, sabedoria, e ciência de amor, - e eu te darei a beber um vinho temperado e um licor novo das minhas romãs" (Ct 8,2): querendo significar, meu amor, temperado com o teu, ou seja, transformado no teu.

6. Quanto à terceira potência, a vontade, afirma igualmente a Esposa, no mesmo livro dos Cantares, que bebe ali amor: "Introduzindo-me na adega do vinho, ordenou em mim a caridade" (Ct 2,4). É o mesmo que dizer: deu-me a beber amor, mergulhada no seu próprio amor. Ou mais claramente, falando com maior exatidão: ordenou em mim sua caridade, conformando-me e assimilando-me à sua mesma caridade, o que significa beber a alma no Amado, seu mesmo amor, infundido nela pelo próprio Amado.

7. É bom observar aqui, a respeito da opinião de alguns, de que não se pode amar a vontade sem primeiro compreender o entendimento, que isso é certo do ponto de vista natural. De fato, por via natural, não é possível amar, sem antes conhecer o que se ama. Por via sobrenatural, porém, Deus, pode muito bem infundir amor, e fazê-lo crescer, sem infundir nem aumentar o conhecimento distinto, como podemos ver no texto da Sagrada Escritura citado acima. Realidade esta, aliás, bem experimentada por muitos espirituais: muitas vezes se sentem arder em amor de Deus sem, contudo, lhes ser dado mais distinto conhecimento dele; podem, portanto, entender pouco e amar muito, como, também, entender muito e amar pouco. E ordinariamente acontece que almas não muito avantajadas no conhecimento de Deus costumam aproveitar melhor quanto à vontade, e lhes basta a fé infusa em lugar da ciência do entendimento; então, é só mediante a fé que Deus lhes infunde caridade, intensificando-a em seus atos, e consequente-

mente essas almas chagam a maior amor, embora não lhes seja aumentado o conhecimento. Pode, assim, a vontade beber amor, sem que o entendimento beba nova inteligência; mas, no caso de que vamos tratando - da alma que bebeu de seu Amado -, como é união na adega interior, segundo as três potências, todas, como dissemos, bebem juntamente.

8. Em quarto lugar, está claro que a alma também bebe ali de seu Amado, quanto à memória, pois está ilustrada com a luz do entendimento em lembrança dos bens que está possuindo e gozando nessa união de seu Esposo.

9. Essa bebida divina endeusa e levanta de tal modo a alma, embebendo-a no próprio Deus, que,

Quando saía,

10. Isto é, depois que acabou de receber esta mercê; pois, embora a alma permaneça sempre neste sublime estado do matrimônio espiritual, uma vez chegada a ele, nem sempre está em união atual segundo suas potências, mas sim quanto a sua substância. Nesta união substancial, entretanto, muito frequentemente se unem também as potências, e bebem na adega interior, recebendo luz no entendimento, e amor na vontade etc. dizendo agora a alma "quando saía", refere-se não a essa união substancial ou essencial que sempre persiste, e que constitui o estado do matrimônio espiritual, mas à união das potências, que não é contínua, nem o poderia ser nesta vida. Quando, portanto, a alma saía de tal união.

Por toda aquela várzea

11. Como a dizer: por toda a extensão deste mundo,

Já nada mais sabia

12. A razão disso é que aquela bebida de altíssima sabedoria de Deus, que ali recebeu, fez a alma olvidar todas as coisas do mundo. Parece haver olvidando até que antes sabia, aliás, todo o saber humano das criaturas, em comparação daquela ciência divina, é pura ignorância. Para melhor compreensão desta verdade, precisamos entender que a causa formal desta ignorância da alma a respeito de todas as coisas do mundo, em chegando e esse estado, é estar agora ilustrada de uma ciência sobrenatural, diante da qual todo outro saber, convencional e humano, desta terra, mais se pode qualificar de não saber do que de saber. Elevada a alma e tão sublime sa-

bedoria, conhece por esta luz como todas as sabedorias do mundo, que não se assemelham a ela, não merecem o nome de saber, e sim o de não saber, e, portanto, nelas nada há que saber. No que se afirma a verdade das palavras do Apóstolo, quando diz: "A sabedoria deste mundo é loucura diante de Deus" (1Cor 3,19). Eis o motivo de a alma asseverar que "já nada mais sabia", depois de ter bebido aquela sabedoria divina. Não é possível chegar ao conhecimento desta verdade – da pura ignorância que é toda a sabedoria humana do mundo inteiro, e de quão pouco merece este ser sabido a menos que a alma receba esta mercê, e Deus lhe comunique interiormente sua própria sabedoria, confortando-a com esta bebida de amor para que conheça claramente essa realidade. Assim o dá a entender Salomão, dizendo: "Visão que expôs um homem, com quem Deus está, e que, tendo sido confortado pela assistência de Deus que reside nele, disse: eu sou o mais insensato dos homens, e a sabedoria dos homens não está em mim" (PR 30,1-2). Estando a alma naquele excesso de altíssima sabedoria de Deus, toda a sabedoria humana torna-se evidentemente baixa ignorância; porque até as ciências naturais e as mesmas obras feitas por Deus, diante do conhecimento do próprio Deus, são como ignorâncias, pois onde não se sabe Deus, nada se sabe. Eis por que aquilo que há de mais sublime em Deus parece aos homens extravagância e loucura, segundo afirma também São Paulo (1Cor 2,14). Os sábios de Deus e os sábios mundanos são loucos uns para os outros; nem os primeiros podem perceber a ciência do mundo, nem os segundos a sabedoria e ciência de Deus, porquanto a sabedoria do mundo é ignorância em relação à de Deus, e vice-versa.

13. Além disso, aquele endeusamento e transporte do espírito em Deus, que mantém a alma como arroubada e embebida em amor, toda transformada no mesmo Deus, não a deixa advertir em coisa alguma do mundo. E não somente fica a alma abstraída e aniquilada em relação a todas as coisas, mas ainda a si mesma, como resumida e desfeita em amor, isto é, numa fusão de todo o seu ser no Amado. Este "não saber", produzido pela união à Esposa nos Cantares, depois de ter falado de sua transformação de amor no Esposo, bem o exprime na palavra nescivi, que significa "não o soube" (Ct 6,11). De certo modo, está a alma aqui como Adão no estado de inocência, que ignorava toda malícia; porque está agora tão inocente, que não compreende o mal, nem julga haver maldade em coisa alguma. Ouvirá talvez muitas coisas más, e as verá com seus olhos, e não será capaz de entender que o são; isso procede de não ter em si hábito do mal por onde possa julgar assim, pois Deus tirou-lhe completamente os hábitos imperfeitos e a ignorância que encerra o mal do pecado, quando lhe infundiu o hábito perfeito da verdadeira sabedoria; e, portanto, também sobre esse ponto, pode dizer a alma, já nada mais sabia.

14. Muito menos se intrometer-se-á ela em coisas alheias, visto que nem das suas se lembra. O espírito de Deus tem esta peculiaridade, na alma em que reside: logo a inclina a ignorar e não querer saber as coisas alheias, mormente aquelas que não concernem ao seu próprio aproveitamento; porque este espírito divino é de recolhimento, atraindo interiormente a alma, antes para tirá-la das coisas estranhas do que para dar-lhe conhecimento delas, e assim faz com que não saiba de mais nada como antes sabia.

15. Não vamos pensar, porém, que a alma, permanecendo neste "não saber", venha a perder agora os hábitos de ciências adquiridas anteriormente, pois até se aperfeiçoam com este novo hábito mais perfeito, que é o da ciência sobrenatural infusa. Somente acontece que não têm mais domínio na alma de modo a que ela necessite servir-se deles para saber, embora lhe seja possível isso algumas vezes. Nesta união de sabedoria divina, juntam-se esses hábitos com uma sabedoria superior que encerra todas as ciências: é como uma luz pequenina que se une a outra muito mais possante que a absorve e passa a brilhar sozinha. A luz menor não se extingue, mas se aperfeiçoa na maior, embora por si mesma não seja a que mais brilha. Assim, entendo, será no céu. Não serão aniquilados os hábitos de ciência adquirida que levarem consigo os justos; mas estes não hão de fazer muito caso de tais hábitos, porque ficarão sabendo muito mais do que tudo isso, na sabedoria divina.

16. Na absorção de amor em que a alma está, perde e ignora todos os conhecimentos e noções particulares das coisas e atos imaginários, bem como qualquer outra apreensão que tenha forma ou figura; e isso sucede por duas causas. A primeira é que, ficando a alma atualmente absorvida e imersa naquela bebida de amor, não pode atender nem se ocupar em outra coisa de modo atual. A segunda, e principal, é ser a mesma alma, naquela transformação em Deus, de tal maneira assimilada à simplicidade e pureza do próprio Deus (a qual não pode conter forma ou figura alguma imaginária), que se torna limpa e pura e despojada de todas as formas e figuras apreendidas anteriormente, já agora purificada e ilustrada com aquela simples contemplação. Esse efeito é semelhante ao do sol sobre a vidraça; infundindo nela sua luz, torna-a clara e faz desaparecer à vista todas as manchas e poeiras que eram perceptíveis; mas, uma vez afastado o raio luminoso, logo reapa-

recem as manchas e pontos escuros ali existentes. Na alma, todavia, como permanece e perdura algum tempo o efeito daquele ato de amor, também se prolonga o não saber, de modo a não lhe ser possível atender em particular a coisa alguma, até que passe o fervor do referido ato de amor. Este, do mesmo modo que a inflamou e transformou em amor, igualmente a aniquilou e desfez em tudo quanto não era amor, conforme podemos compreender pelas palavras de Davi: "Inflamou-se o meu coração, meus rins se mudaram, e eu fui reduzido a nada, e não o soube" (Sl 72,21-22). Mudaram-se os rins, nessa inflamação do coração, significa mudar-se a alma, quanto a todos os seus apetites e operações em Deus, numa nova maneira de vida, já totalmente desfeita e aniquilada da antiga em que antes vivia. E em dizer o Profeta, que foi reduzido a nada, e não o soube, são assinalados os dois efeitos produzidos por esta bebida na adega interior de Deus. De fato, não apenas se aniquila todo o saber que a alma possuía anteriormente, e tudo lhe parece nada, mas também se aniquilam suas imperfeições e toda a sua vida velha, renovando-se agora no homem novo, e este é o segundo efeito, contido no seguinte verso:

E o rebanho perdi, que antes seguia

17. É preciso saber que a alma, até chegar a este estado de perfeição do qual vamos falando, por mais espiritual, guarda sempre algum rebanhozinho de apetites e gostinhos, com outras imperfeições próprias, sejam naturais ou espirituais; anda atrás deles procurando apascentá-los, isto é, ocupando-se em satisfazê-los e seguir-lhes as inclinações. Quanto ao entendimento, costumam ficar na alma algumas imperfeições de apetites em saber as coisas. Acerca da vontade, deixa-se levar por alguns gostinhos e apetites próprios, ora no temporal, como possuir certas coisinhas, apegando-se mais a umas do que a outras, e algumas presunções, estimações e pontinhos em que reparam, além de outras bagatelas que ainda têm cheiro e sabor de mundo; ora, acerca do material, na comida ou bebida, gostando mais disto ou daquilo, escolhendo e querendo o melhor. E também em relação ao espiritual, como seja desejar consolações de Deus, além de outras coisas descabidas, que jamais acabaríamos de enumerar, e são comuns aos espirituais ainda não perfeitos. Acerca da memória, muitas distrações, cuidados e lembranças inúteis costumam ter, e se lhes vai a alma atrás de tudo isso.

18. Igualmente a respeito das quatro paixões têm esses espirituais, ainda imperfeitos, muitas esperanças e gozos, dores e temores, que são inúteis, e atrás destes sentimentos costuma andar a alma. Enfim, este rebanho que explicamos é mais ou menos numeroso, para uns ou para outros; mas geralmente todos o andam apascentando, até entrarem nesta adega interior onde vêm beber. Perdem-no, então, inteiramente, sendo transformados todos no amor, e aí consumidos estes rebanhos de imperfeições da alma, mais facilmente do que a ferrugem e o mofo dos metais no fogo. A alma, pois, já se sente livre de todas aquelas ninharias de gostinhos e inutilidades, após as quais andava se apascentando, e assim pode agora dizer com razão: "e o rebanho perdi, que antes seguia". (C cap. 26)

Quem encontra a Deus encontra tudo. Se "é verdade que o homem procura a Deus, é ainda mais verdade que Deus procura o homem".

O Cântico é dirigido às monjas carmelitas. Ele o escreve a pedido da Madre Ana de Jesus. João da Cruz costumava, quando visitava os mosteiros de monjas, declamar e, às vezes, cantar as poesias, e diante do pedido de suas Irmãs para que ele as explicasse, ele escreve o comentário a todas as estrofes. Não só escreve uma, mas duas vezes, por isso temos o Cântico A e o Cântico B. Embora não tenha grande diferença, têm alguns nuances diferentes entre as duas redações.

CHAMA VIVA DE AMOR: Como o Castelo Interior de Santa Teresa d'Ávila é a obra-prima de mística, assim podemos considerar a Chama Viva de Amor a obra-prima de teologia mística prática de João da Cruz. Se diz que tenha escrito essa obra em quinze dias e de joelhos. É algo que nos impressiona, como ele, João da Cruz, conta sua experiência mística. Sejam os livros de Teresa como os de João da Cruz, são livros autobiográficos, dizem e relatam em palavras humanas o que eles têm por experiência. Em vários momentos João da Cruz avisa o leitor, dizendo "para compreender isso é necessário ter feito a experiência". É no comentário à poesia "ó Chama Viva" que João da Cruz dedica sim à intimidade com Deus, mas não esquece de falar também do caminho ascético e purificativo ao qual Deus submete a alma, que Ele quer levar aos mais altos graus de intimidade. Particularmente interessante é a importância que ele dá à direção espiritual, à qual dedica mais de trinta parágrafos na terceira estrofe (44 a 73).

> *Os diretores espirituais a que nos referimos não entendem essas almas que seguem por esta via de contemplação quieta e solitária, em razão de não terem eles chegado a isso, ou ignorarem o que seja sair dos raciocínios na meditação, como já dissemos. Pensam que estão elas ociosas, por isso as estorvam, impedindo aquela paz da contemplação sossegada e quieta que Deus lhes dava; querem que elas continuem no caminho da meditação e do discurso imaginário e exercício da imaginação, e que façam atos interiores; em todos estes exercícios as almas acham então grande repugnância, secura e distração, pois desejariam permanecer em seu santo ócio, e naquele recolhimento quieto e pacífico. Como veem os tais diretores que nesse recolhimento o sentido não acham em que gozar, nem em que se prender, nem mesmo em que se ocupar, persuadem as almas a procurar gostos e fervores, quando, na verdade, deveriam aconselhar o contrário. E como essas almas não o podem fazer nem acham gozo como antes, por ter já passado o tempo disso, e não ser mais este o caminho que seguem, perdem a paz duplamente, pensando que estão perdidas; e eles as ajudam a crer que assim é, pondo-lhes o espírito na secura e tirando-lhes aquelas preciosas unções com que Deus as favorecia na solidão e tranquilidade. Este modo de dirigir, torno a dizer, é de grande prejuízo para as almas, enchendo-as de aflição e fazendo-as errar, pois de uma parte perdem, e de outra sofrem sem proveito.*
>
> *Tais diretores não sabem o que seja espírito. Fazem a Deus grande injúria e desacato, querendo meter sua mão grosseira na obra divina; na verdade, muito caro custou a Deus levar estas almas até aqui, e muito se preza de as haver conduzido a esta solidão e vazio das potências e atividades, a fim de poder falar-lhes ao coração, e este é o desejo permanente de Deus. Toma ele agora a alma pela mão, e já tem dentro dela seu reino, com abundância de paz e sossego; faz com que desfaleçam os atos naturais das potências que trabalhavam toda a noite sem nada conseguir; é já o espírito que apascenta essas potências, sem concurso nem trabalho do sentido, porque este com sua obra não tem capacidade para o espírito. (Ch 3,53-54)*

João da Cruz sintetiza a perfeição em uma pequena poesia chamada "a suma da Perfeição".

> *"Esquecimento do criado,*
> *Memória do Criador,*
> *Atenção ao interior,*
> *Estar amando o Amado." (P 15)*

Com João da Cruz se fecha a escola espanhola. Mereceria mais destaque, mas é suficiente para constatar como dentro da Igreja e da comunidade há sempre um fermento sadio de evolução e revolução pacífica do evangelho. O retorno ao evangelho é o único caminho para não nos afastarmos de Cristo Jesus, centro de toda a vida cristã.

ESCOLA FRANCESA

A França vive um período de reação e de reforma diferente da Espanha, o rigorismo do jansenismo e os exageros do movimento quietista fazem florescer uma espiritualidade rica, mas com atenção diferente no caminho espiritual e na experiência de Deus. Os grandes santos e escritores místicos franceses colocam sempre em evidência uma afetividade amorosa e um culto sempre mais evidente à humanidade de Jesus, com a devoção a seu Sagrado Coração. Com a reforma tridentina se afirma o humanismo cristão e se procura um caminho de santidade que passa menos pela intelectualidade e mais pela humanidade. Como temos feito na escola espanhola, fixaremos nossa atenção sobre alguns autores que merecem mais atenção. Sem dúvida, a espiritualidade da vizinha Espanha não demora muito a chegar também em território francês, seja Inácio de Loyola ou seja Santa Teresa d Ávila. João da Cruz demorará um pouco mais para ultrapassar os confins.

SÃO FRANCISCO DE SALES (1567-1622)

Nasce no castelo de Sales, na Savoia, tem um caráter forte e impulsivo, mas chega a se dominar, tornando-se assim o santo da ternura e bondade. É de uma inteligência refinada e uma vasta cultura. Estuda no colégio dos jesuítas a Clermont. Estuda direito canônico e direito civil. Aprofunda a espiritualidade e, em breve tempo, transforma-se em ótimo diretor espiritual. A ele recorrem pessoas de todo estrato social, para conselhos e orientações. Combate a heresia protestante. Escreve seu livro mais famoso, a Filoteia, um caminho espiritual para todas as pessoas. Insiste na vocação universal à santidade e com Francisca de Chantal funda o Instituto feminino da Visitação, as Visitandinas. A santidade pode ser encontrada e alcançada em todas as atividades humanas. É Doutor da Igreja, em seus escritos aponta o caminho da intimidade com Deus, não reservado a um pequeno grupo, mas vocação comum a todos. Como Bispo dedica-se profundamente a seu ministério pastoral, luta contra as heresias protestantes, exerce com grande amor o serviço aos pobres. É considerado um dos escritores mais importantes da espiritualidade moderna e com suas obras influencia até hoje. Um santo e diretor espiritual amado e seguido.

SÃO VICENTE DE PAULO (1581-1660)

Uma vida movimentada na busca de Deus. Torna-se famoso por seu amor aos pobres, que chama "meus senhores". Sente-se atraído a viver na missão apostólica ao serviço do evangelho e dos últimos. Funda grupos de leigos que se empenham a oferecer alívio aos mais pobres, que depois se transformam em fraternidades vicentinas, que se espalham lentamente por toda a Igreja. As "conferências vicentinas" operam um bem imenso ao serviço dos mais pobres e estão presentes em quase todas as paróquias. Para Vicente de Paulo, o importante é não permanecermos indiferentes diante das várias pobrezas que surgem no seio da sociedade, mas sim uma missão dinâmica e sempre ativa que procura aliviar a dor de tantas pessoas menos favorecidas. A novidade teológica espiritual de São Vicente de Paulo é o humanismo cristão, reproduzir em si mesmo, por quanto for possível, a vida de Jesus. Uma rica espiritualidade. Para ele os pobres não são um peso, mas são um dom de Deus, que nos permite amar e servir a Jesus Cristo. A espiritualidade continua a orientar os movimentos de renovação dentro da Igreja, é o único movimento que não tem sofrido e não sofre crise de adaptação, porque a presença do serviço aos pobres é permanente no meio de nós.

PIERRE DE BÉRULLE (1575-1629)

Foi Cardeal e teve a oportunidade de tentar com todas as suas forças restaurar a vida religiosa depois do Concílio de Trento. Trabalhou muito em comunhão com São Vicente de Paulo, São Francisco de Sales e São João Eudes, que fazem parte da escola francesa. Bérulle introduziu na França a reforma teresiana, foi um homem culto. Dele surgiu o que se chama de escola de Bérulle. Escreveu um pequeno livro, mas muito importante "CUIDADO E DIREÇÃO DAS ALMAS", onde colocou os princípios teológicos e espirituais com que devem ser dirigidas e orientadas as almas que desejam ser santas. A alma é chamada à comunhão com Deus, mas isso exige também uma total *kenose* e esvaziamento de si mesmo de todas as coisas.

Fazem parte desse grupo seleto francês, embora com contrastes entre eles, Fenelon (1651-1715) e Bossuet (1627-1704), teólogo importante na estruturação da escola francesa de espiritualidade.

MARGARIDA MARIA ALACOQUE (1647-1690)

Nasce em uma família de fortes princípios religiosos. Ela mesma conta em sua biografia que, com cinco anos, fez o voto de castidade. Mais tarde entra na Ordem das Visitandinas e se nutre da espiritualidade de São Francisco de Sales. Será marcante em sua vida o encontro com Claudio de Colombiere, Jesuíta de forte expressão espiritual, que defenderá Margarida Maria Alacoque dentro e fora da Igreja, quando a acusavam de mística fantasiosa. A visão que ele teve do coração de Jesus, de sua humanidade, precisará de tempo para ser assimilada, mas uma vez afirmada, continua a ser um ponto chave da espiritualidade de seu tempo e de nossos dias. A primeira aparição é de 27 dezembro de 1673 e a última entre 13 e 20 junho de 1673. Quem de nós não conhece a devoção às primeiras sextas-feiras? Ou ao Apostolado da Oração?

LUIZ MARIA GRIGNON DE MONFORT (1673-1716)

Estudou no colégio dos Jesuítas, foi um grande missionário por todas as regiões da França. Pregador corajoso que anuncia a palavra de Deus, faz catequese e um forte evangelizador da França. É missionário itinerante, fica um mês no mesmo lugar, prega, confessa, atende o povo e depois parte para outros lugares, é missionário itinerante. É, ao mesmo tempo, um fecundo escritor de obras espirituais, particularmente insiste no amor à Virgem Maria. Escreve o famoso "Tratado sobre a Verdadeira devoção à Virgem Maria". É o livro mais famoso dele. Fala da santa escravidão dos cristãos que amam Nossa Senhora. Por sua importância espero que um dia seja proclamado Doutor da Igreja. Mesmo nos tempos atuais sua espiritualidade Mariana é muito seguida.

Junto com Grignon de Monfort devemos também recordar como parte deste rico cenário da Escola francesa:

ARMAND DE RANCE (1626-1700)

É obrigado pelo pai a entrar na carreira eclesiástica. Com 11 anos de idade se encontra já cônego na Catedral Notre Dame de Paris. Em 1662 vive momentos de contraste na família e na Igreja e decide entrar na Trapa. É um forte reformador, e escreve numerosas obras de espiritualidade. Apresenta um caminho para todos os que querem buscar a Deus na vida monástica.

Uma outra pessoa importante no quadro da Escola Francesa é:

JEAN JOSEPH SURIN (1600-1665): é um dos maiores escritores de espiritualidade. Com 16 anos inicia seu noviciado com os jesuítas. Uma vez ordenado sacerdote lhe é confiada a responsabilidade de exorcista. Morre em 1665. Sua doutrina insiste sobre a necessidade do ser humano conhecer a Deus e de gostar das coisas do céu. O caminho espiritual é de não ter confiança nos dons humanos, mas na graça de Deus.

A escola francesa vê seu florescer por meio dessas figuras místicas, que pelo caminho da confiança em Deus e da ascese chegam à posse de Deus, a uma vida de equilíbrio. Como na escola espanhola temos como presença feminina Santa Teresa d'Ávila, na escola francesa temos Maria Margarida Alacoque, que ilumina com a própria experiência, menos teológica e mais mística, a vida da Igreja.

ESCOLA ITALIANA

Por motivos de vizinhança geográfica e por uma forte presença católica, os três países Espanha, França e Itália se influenciaram reciprocamente, seja no social, no político e no religioso. A memória de mulheres fortes que tinham marcado a Itália, Santa Catarina de Sena, e, embora em grau menor, a carmelita Madalena de Pazzi, enriqueceram a espiritualidade da alta Idade Média. Também neste caso colocamos em evidência algumas personalidades influentes deste ambiente italiano, que são pedras fundamentais de uma espiritualidade de renovação e purificação. A Igreja italiana não estava menos corrupta e secularizada que a Igreja dos outros países. Temos uma nuvem de santos e santas que expressam uma riqueza renovadora impressionante, não só da espiritualidade, mas da mesma Igreja. Ordens que se renovam com o desejo de voltar às origens, ou novas Ordens que surgem para atender às necessidades do povo mais necessitado e sofrido. Surgem escolas, hospitais, casas de acolhida para doentes, idosos, abandonados. Surgem Ordens para assumir a pregação no meio dos pobres, ou Ordens que têm como carisma a Paixão de Cristo. Seria uma longa reflexão. Limitaremos somente em evidenciar algumas pessoas que, em nosso parecer subjetivo, foram mais importantes. Toda escolha nos obriga a preferir alguns e a deixar outros.

SANTO ANTONIO MARIA ZACARIAS (1502-1539)

Antônio Maria Zacarias nasceu em Cremona, no mês de dezembro de 1502. Seu pai se chamava Lázaro e sua mãe Antonietta Pescaroli. Eram de origem genovesa, onde a família tinha exercido cargo de responsabilidade política. Em Cremona era comerciantes de tecidos. O pai Lázaro morreu poucos meses depois do nascimento de Antônio, e a mãe teve de levar em frente o trabalho. Pouco sabemos de sua infância, a não ser que depois de ter feito o testamento de todos os seus bens para a mãe, ele foi a Pádua para cursar a universidade de medicina, e a um certo ponto o encontramos sacerdote. Com a direção espiritual dos Padres Dominicanos, iniciou sua missão de catequista, fundando um cenáculo chamado "amizade". Encontrou o apoio da Condessa Ludovica Torelli de Guastalla, conseguiu iniciar uma atividade maior em prol dos pobres e sentiu a necessidade de pregar "uma renovação cristã", mas seu projeto foi evangelizar a alta sociedade, que se tinha afastado da Igreja, dos sacramentos. Para tal fundou a Ordem dos Barnabitas e a Congregação das Irmãs Angélicas. Sendo frágil e tendo-se dedicado totalmente ao serviço de Deus, teve sua saúde prejudicada. Sentindo-se perto da morte, pediu para ser levado para Cremona e morreu nos braços de sua mãe em 5 de julho de 1539. O nome de Barnabitas vem do lugar que ele queria escolher para morar com seus irmãos de caminhada, que era dedicado a São Barnabé. Sua espiritualidade evangelizadora foi a renovação da vida cristã em todos os ambientes de seu tempo. Sem dúvida, constitui uma referência na história da espiritualidade, mesmo que não tenha escrito muitas coisas.

CLÉRIGOS REGULARES

Nesse período surge um novo estilo de vida chamado dos Clérigos Regulares, que se dedicam à vida de oração e vida apostólica. Eles não vivem a pobreza na maneira das Ordens mendicantes. A Igreja sempre se tem preocupado com a situação social dos menos favorecidos e, ao longo dos séculos, tem fundado escolas, hospitais, asilos para velhos e peregrinos e tantas obras sociais. Onde o estado não chega, a Igreja chega. O mal é que quando o estado chega, nem sempre a Igreja tem a humildade de se retirar. Todas as obras da Igreja, antes de tudo, são evangelizadoras e evangélicas e depois sociais. Nesta primavera de novas Congregações encontramos os Teatinos, os Escolápios, os Oratorianos de São Filipe Neri e surgem também Congregações femininas para a educação das jovens.

SÃO FELIPE NERI (1515-1559)

É uma das personalidades mais interessantes deste período da espiritualidade italiana. Nasce em Florença e tem o humor florentino e toscano, espírito alegre. Será chamado o Santo da alegria. No início, estudou alquimia e depois tomou o caminho do sacerdócio. Em 1531, o encontramos em Roma e em 1535 em Montecassino, onde faz uma experiência eremítica, mas logo vê que não é sua vocação. Volta para Roma, estuda filosofia e teologia, e começa a reunir, com atividades recreativas a seu redor, jovens, especialmente os mais pobres. Na vida de São Felipe Neri podemos colocar em evidência duas colunas fundamentais: de um lado a oração e de outro lado o amor aos pobres. Vive na humildade e tem uma capacidade impressionante de penetrar nos segredos dos corações. Encontra-se com Santo Inácio de Loyola, que lhe dá para ler e meditar seus "Exercícios Espirituais", mas Felipe nem abre o livro, não tem tempo e não é seu estilo de vida. É conselheiro de Papas, de Bispos. Sua fama se estende sempre mais e é cheia de anedotas espirituosas. Ama apaixonadamente a Virgem Maria, dando atenção à sua humildade. Um santo que faz o bem por meio da alegria, uma virtude que tantas vezes se considera não combinar com a santidade. Encontra-se com São Camilo de Lelis, mas o caminho de São Felipe Neri, feito de simplicidade, de alegria e de bom humor, alegra a sociedade e a Cúria Romana.

SÃO PAULO DA CRUZ (1694-1775)

É um outro santo italiano que marca a espiritualidade de seu tempo. Nasce em 1694. Desde criança experimenta fenômenos místicos. Sua conversão pode ser situada quando ele tinha 19 ou 20 anos. Em seu discernimento se deixa guiar pelas visões particulares, mas também com humildade se deixa guiar pelo Bispo de Alexandria. Sente que Deus o chama para fundar um novo Instituto religioso, que se dedique totalmente à pregação e a viver o mistério da Paixão do Senhor. O Instituto por ele fundado será chamado, mais tarde, de Passionistas. Paulo é tomado por um forte amor à Paixão e à penitência. Sua pregação converterá muitas pessoas que estavam afastadas de Deus. O livro mais famoso dele é a "MORTE MÍSTICA". Quem vive a Paixão do Senhor entra no seio do Pai, e se une perfeitamente na comunhão com a Santíssima Trindade. Muito forte é o amor de Paulo da Cruz à Eucaristia. A Paixão é o caminho para descobrir a ternura do amor divino. O livro que Paulo da Cruz nos convida a ler só tem cinco páginas, são as chagas do Crucifixo. Foi muito amante da natureza onde vê o mistério da beleza criadora do Senhor.

SANTO AFONSO MARIA DE LIGÓRIO (1696-1787)

Nasce em Nápoles, em uma família cristã. A mãe o educa nos princípios da fé, frequenta o oratório dos filipinos e estuda advocacia, mas parece que depois de um fracasso no tribunal sentiu-se profundamente abalado e decidiu ir pelo caminho de ser sacerdote. Em 1742, funda a Congregação do Santíssimo Redentor, os Redentoristas. Ajuda muitíssimo a fundar as Monjas do Santíssimo Redentor. Tanto os Redentoristas como as Redentoristinas se difundem não somente no Reino de Nápoles, mas por toda a Itália. O elemento marcante da espiritualidade de Santo Afonso é a pregação, especialmente nos ambientes mais pobres, a devoção a Nossa Senhora e a oração. Seu ministério sacerdotal é permanecer horas a fio nos confessionários. Foi um ótimo moralista, que antes de mais nada coloca o amor e depois a lei. Podemos dizer que ele "cria" o estilo que vai distinguindo até hoje os Redentoristas: as missões populares, jornada e semana de pregações em determinados lugares e com atendimento às confissões.

SANTA MARIA MADALENA DE PAZZI (1566-1707)

Florentina, membro da famosa família de Pazzi, muito conhecida em Florença, morre jovem com 41 anos. Uma grande mística. Aos dez anos faz o voto de castidade e de consagrar-se totalmente ao Senhor. É favorecida com graças especiais, entra no Carmelo de Florença. Admira Santa Catarina de Sena, lê e medita os Exercícios Espirituais de Santo Inácio de Loyola. Vive momentos de intensa comunhão Trinitária, tem uma saúde frágil, mas uma alma grande. Em sua vida se conhecem 429 acontecimentos extraordinários. É das místicas mais importantes não somente desse período, mas também da História da Igreja. Uma espiritualidade cristocêntrica, um grande amor ao Espírito Santo. Uma vida feita de iluminações divinas, que não lhe impede de viver a vida cotidiana do Carmelo. Possui um caráter forte, mas totalmente abandonado à vontade de Deus, distinguindo-se na vivência da caridade.

SANTA TERESA MARGARIDA REDI (1747-1770)

Nasce em Arezzo, Itália, na vila Redi, onde atualmente tem um Carmelo. Filha do Cavalier Redi, uma família importante na cidade de Arezzo. Sente-se, desde sua infância, atraída pela beleza da natureza, e diante da beleza das flores se pergunta: "se estas flores são tão bonitas, quanto mais belo deve ser o Criador?" Estuda no colégio de Santa Apolônia, em Florença, e entra no Carmelo das Carmelitas Descalças, em Florença, no dia 1 de setembro de 1764. Distingue-se na fidelidade aos atos comunitários, em uma profunda vida de oração e uma caridade dedicada e terna com as Irmãs doentes. Toma conta, com uma dedicação exemplar, de uma Irmã doente mental. Sofre em silêncio. É conhecida uma sua máxima: "quem ama sofre e silencia". Morre aos 23 anos em 7 de março de 1770. Considera-se que tenha recebido a graça mística do amor, escutando o texto da Primeira Carta de São João: *"E nós, que cremos, reconhecemos o amor que Deus tem para conosco. Deus é amor. Quem permanece no amor, permanece em Deus, e Deus permanece nele" (1Jo 4,16)*. É a única santa do Carmelo Descalço na Itália. Pouco conhecida, mas com uma forte espiritualidade interior. Ela tem um amor particular ao Sagrado Coração de Jesus: "como um deserto onde nós devemos nos esconder".

SÃO JOÃO BOSCO (1815-1888)

Sobre São João Bosco se tem escrito livros e livros. Os frutos mais belos de sua espiritualidade são seus filhos espirituais, os Salesianos e as Salesianas, que têm como missão a educação dos jovens. Um santo rico de experiência de Deus e experiência humana. Sabe unir perfeitamente a oração ao trabalho apostólico. Menino pobre, mas educado santamente pela mãe. Entra no seminário de Chieri, encontra-se com outro santo do tempo, São José Cafasso. Sente-se chamado ao apostolado no meio dos jovens. Com a ajuda de uma jovem, Domingas Mazzarello, dá vida também às Filhas de Maria Auxiliadora. São João Bosco, embora não seja considerado entre os "místicos clássicos", é um grande místico. Não se pode realizar o que ele realizou sem uma vida de profunda intimidade com Deus, doador de todos os bens. São João Bosco é um ótimo pedagogo, que, por meio do recreio, da acolhida, sabe levar os jovens a Deus.

SANTA VERONICA GIULIANI (1660-1727)

Pertence à Ordem das Capuchinhas. Ela quis oferecer-se como vítima ao Senhor para reparar as ofensas que os pecadores fazem a Deus e à Virgem Maria. Uma espiritualidade feita de penitência e de oração. O amor a Maria se une perfeitamente a seu amor a Cristo Jesus. Com sua vida de penitência, mereceu receber por parte de Deus tantos dons e comunicações divinas. Escreveu uma autobiografia onde se vê seu desejo profundo de se unir a Cristo Jesus crucificado por amor. Uma espiritualidade de *Kenose*, que lhe permite esquecer totalmente de si mesma e reproduzir em sua vida a paixão do Senhor Jesus.

13

IDADE CONTEMPORÂNEA

Estamos quase terminando nosso caminho através da espiritualidade. Já vimos a Idade Antiga, a Idade Média, Idade Moderna. Um caminho maravilhoso, onde sempre floresce a santidade, a paixão por Cristo Jesus, o desejo de segui-lo com radicalidade. Com modalidades diferentes o centro fica sempre Jesus. Ele é a fonte de todo o nosso futuro humano, espiritual. Os santos são pessoas felizes, de uma felicidade que não anula a vulnerabilidade e a fragilidade humana. Não existe um século sem santos, e nem um século sem problemas, seja dentro ou fora da Igreja e na sociedade, entre fé e gnosticismo, ou entre fé e ateísmo. O ser humano continua sua caminhada entre luzes e trevas.

A modernidade nos obriga a fazer um momento de silêncio e procurar olhar mais profundamente dentro de nós para ver o que está acontecendo na antropologia, nas ciências, nas descobertas científicas. A fé se vê obrigada a viver dentro desse novo mundo e realidade. Um tempo novo que lentamente caminha em uma tomada de consciência de que a linguagem da Igreja não é mais compreendida, que os movimentos sociais esperam uma palavra do magistério e que a ciência não quer ser impedida de dizer o próprio parecer, seja sobre a bíblia ou sobre a moral e as verdades da fé. É como um grande oceano onde a "barca de Pedro" e nossos pequenos barquinhos se encontram a navegar. A bíblia é a fonte principal da espiritualidade desse período, e os místicos do passado são estudados, admirados e influem sobre nossa espiritualidade.

Seja qual for o caminho, sempre é necessário encontrar-se com Cristo, em um encontro pessoal, será necessária a ascese e, especialmente, será necessária uma conversão, ou melhor ainda, uma atitude de conversão permanente. É um momento de discernimento pessoal e coletivo de novos caminhos do Espírito, um novo Pentecostes que se inicia com o Concílio Vaticano II, mas que vai continuando nas experiências carismáticas das novas comunidades, com o desejo de renovação interior. Conflitos entre hierarquia e carismas, que depois de momentos de fortes contrastes, as coisas lentamente voltam à normalidade. O tempo de grandes teólogos, de estudiosos e, também, de grandes santos que iluminam como sempre os momentos escuros da humanidade.

Seguindo o mesmo esquema que temos seguido pelas outras épocas, colocamos em evidência algumas figuras que nos parecem centrais.

KATERINA EMMERICH (1774-1824)

Uma monja alemã considerada como a mística da Paixão de Cristo. Ao longo de sua vida fez fortes experiências da Paixão de Cristo. Teria tido a coroação de espinhos de Cristo e os estigmas. Foi beatificada pelo papa João Paulo II no ano 2004. Os fenômenos místicos são objeto de grandes estudos por parte de muitas pessoas. Não podemos colocar em discussão sua santidade e também sua influência até nossos dias. Sua configuração com Cristo a faz solidária também com os sofrimentos de toda a humanidade. O sofrimento humano, unido ao sofrimento de Cristo, é redentor e toca profundamente os corações. A mística feminina é muito mais sensível que a masculina aos sofrimentos e se torna intercessora diante de Deus, para que os sofrimentos não se percam no nada. Os estigmas são uma comunhão ainda mais forte com Cristo crucificado. Catarina está convencida de que este sofrimento é oração para a conversão dos pecadores. A redenção operada por Cristo Jesus foi por meio da Paixão. Será no fim deste século XVIII e início do XIX que vai nascendo a espiritualidade das vítimas à justiça de Deus, almas puras e santas onde Deus "descarrega" sua justiça. Será a mesma Santa Teresa do Menino Jesus que vai dando uma nova visão a tudo isto: "vítima sim, mas não à justiça de Deus, mas ao amor misericordioso", dirá a Santa de Lisieux. Os santos, muitas vezes, não se preocupam com as discussões teológicas, mas sim de viver o evangelho, assim como o compreendem, centrando a própria atenção sobre a pessoa de Jesus.

ANTONIO ROSMINI (1727-1855)

Grande filósofo e teólogo que soube dar um forte impulso não só à teologia, mas também ao humanismo e à filosofia. O papa Bento XVI o beatificou em 2007. Foi também um escritor de espiritualidade, com Máxima da Perfeição, A Doutrina Católica, Epistolário Ascético. Todos os cristãos, no pensamento do Rosmini, são chamados à santidade, seja qual for a vocação e o trabalho que desenvolvem. E o ser humano é chamado também a ter um relacionamento de comunhão com a Igreja e com os demais. Na vida de oração e do ministério reside a santidade, que é viver e ter os mesmos sentimentos de Cristo Jesus. Portanto, além de ser um filósofo e um teólogo, é também um ótimo mestre de vida espiritual, colocando-se também como ponto referencial na história da espiritualidade de seu tempo. O pensamento rosminiano é importante também em nossos dias. Um pensamento sério não pode deixar de ser referência religiosa.

CHARLES DE FOUCAULD (1858-1916)

Uma das figuras mais interessantes desse período, com sua vida "cheia de aventuras", convertido faz experiência na Trapa, mas depois, não encontrando-se, toma o caminho do deserto. Um autêntico buscador de Deus, sedento de absoluto. Sua espiritualidade cristocêntrica e bíblica chama a atenção de muitas pessoas. Muito exigente e austero consigo mesmo, consegue, com sua bondade, dialogar com a religião muçulmana. É morto na porta de sua casa. Homem culto e, ao mesmo tempo, humilde, buscou o caminho da verdadeira pobreza interior e exterior. Vive totalmente abandonado nas mãos de Deus. Sua espiritualidade bebe nas fontes dos santos do Carmelo. Um santo austero, mas acolhedor, onde ele está presente se faz presente a caridade, o respeito para o outro. Perto dele todos se sentem amados. Charles de Foucauld podemos considerar como uma das mais belas colunas da espiritualidade contemporânea, que ainda hoje atrai aos que buscam a Deus. Sabe unir o despojamento total com o amor e a acolhida. Um contemplativo autêntico, onde Cristo, a Eucaristia, são o centro de sua vida. Era apaixonado pelo Sagrado Coração de Jesus. Foi proclamado santo pelo papa Francisco. Um santo que inspira a fraternidade universal. Quem ama em Cristo não discrimina, acolhe a todos e sente a todos como irmãos e irmãs.

Oração do abandono *(Charles de Foucauld)*

Meu Pai, eu me abandono a Ti, faz de mim o que quiseres. O que fizeres de mim, eu Te agradeço. Estou pronto para tudo, aceito tudo. desde que a tua vontade se faça em mim e em tudo o que Tu criaste, nada mais quero, meu Deus. Nas tuas mãos entrego a minha vida. Eu Ta dou, meu Deus, com todo o amor do meu coração, porque Te amo e é para mim uma necessidade de amor dar-me, entregar-me nas tuas mãos sem medida, com uma confiança infinita, porque Tu és meu Pai!

SANTA TERESA DO MENINO JESUS E DA SANTA FACE (1873-1897)

Na celebração dos 150 anos do nascimento de Santa Teresa do Menino Jesus e da Santa face, o papa Francisco, no dia 15 de outubro de 2023, publicou uma Exortação Apostólica "só a confiança". A confiança é o caminho que nos conduz a Deus. O Papa não quer abordar toda a amplidão da doutrina da mais jovem Doutora da Igreja, mas somente um aspecto que, segundo ele, é de suma importância neste momento histórico que estamos vivendo. Tornou pública essa Exortação no dia em que no mundo inteiro se celebrava também a memória de Santa Teresa d'Ávila e se estava celebrando o primeiro encontro em Roma do Sínodo da Igreja Católica sobre a sinodalidade, cujo tema central é: comunhão, participação e missão. A UNESCO escolheu o biênio 2022 e 2023 Santa Teresa do Menino Jesus como a "mulher do ano", símbolo e modelo de uma autêntica promoção feminina. Teresinha é importante na espiritualidade porque escreve com sua vida, com suas palavras, uma página nova do caminho da santidade, um caminho, como ela mesma diz, novo, curto e breve, aquele que será chamado o caminho da infância espiritual. A vida dessa monja carmelita descalça é um conjunto de pequenas ações que revelam sua grandeza interior. Ela é a última filha do casal Luiz Martin e Zélia Guerin. Foi o primeiro casal a ser canonizado em conjunto, isto é, o milagre de um é o milagre também do outro. Foram canonizados pelo papa Francisco enquanto em Roma se estava celebrando o sínodo da família. Teresinha tem uma infância feliz na família, de saúde frágil, morre a mãe quando ela tem apenas quatro anos e meio. O pai será seu verdadeiro diretor espiritual, que a conduz à experiência de Deus, com sua vida e seus ensinamentos. Teresa decide em seu coração entrar no Carmelo aos quinze anos, onde já tem duas de suas irmãs, e chegaram a ser quatro irmãs no mesmo Carmelo. A quinta irmã, Leônia, foi Visitandina. Uma família em que todas são consagradas a Deus. Por que Teresinha é importante e por que ela revoluciona o caminho da santidade que se apresentava a seu tempo? Teresinha, em vários momentos, diz: "quero ser Santa!" Mas não pode ser Santa como os outros santos, porque não tem força nem saúde para fazer as penitências que outros fizeram, mas não por isso desiste de seu propósito de ser santa. Toma outro caminho, não se oferece vítima à justiça de Deus, mas sim ao amor misericordioso. Deus é Pai, é amor, e tudo o que nós fazemos por amor é grande.

1. A conversão de Natal de 1886. Essa data é muito importante na vida de Santa Teresinha, escutemos ela mesma:

> *Foi em 25 de dezembro de 1886 que recebi a graça de sair da infância, em suma, a graça da minha completa conversão. Estávamos voltando da missa do galo, em que tinha tido a felicidade de receber o Deus forte e poderoso. Ao chegar aos Buissonnets, alegrava-me por pegar meus sapatos na lareira. Esse costume antigo causara-nos tanta alegria durante a infância que Celina queria continuar a me tratar como um bebê, por ser a menor da família... Papai gostava de ver minha felicidade, ouvir meus gritos de alegria ao tirar cada surpresa dos sapatos encantados, e a alegria do meu*

Rei querido aumentava muito a minha. Mas, querendo Jesus mostrar-me que devia me desfazer dos defeitos da infância, tirou de mim também as inocentes alegrias; permitiu que papai, cansado da missa do galo, sentisse tédio vendo meus sapatos na lareira e dissesse essas palavras que me magoaram: "Enfim, felizmente, é o último ano!..." Subi a escada para ir tirar meu chapéu, Celina, conhecendo minha sensibilidade e vendo já as lágrimas em meus olhos, ficou também com vontade de chorar, pois amava-me muito e compreendia meu sofrimento: "Oh, Teresa!", disse-me, "não desce, te causará tristeza demais olhar já teus sapatos". Mas Teresa não era mais a mesma, Jesus havia mudado o coração dela! Reprimindo minhas lágrimas, desci rapidamente e, comprimindo as batidas do coração, peguei meus sapatos... então, colocando-os diante de papai, tirei alegremente todos os objetos, parecendo feliz como uma rainha. Papai ria também, voltara a ficar alegre e Celina pensava sonhar!... Felizmente, era uma doce realidade. Teresinha reencontrar a força de alma que perdera aos 4 anos e meio e ia conservar para sempre!... (MA 133)

2. Festa da Santíssima Trindade:

Oferenda de mim mesma como Vítima de Holocausto ao Amor Misericordioso do Bom Deus

Ó meu Deus! Trindade Bem-aventurada, desejo Amar-vos e fazer com que vos amem, trabalhar para a glorificação da Santa Igreja, salvando as almas que estão sobre a terra e libertando as que sofrem no purgatório. Desejo cumprir perfeitamente vossa vontade e chegar ao grau de glória que me preparastes em vosso reino; em uma palavra, desejo ser Santa, mas sinto minha impotência e vos peço, ó meu Deus! que sejais vós mesmo minha Santidade.

Como vós me amastes a ponto de me dar vosso Filho único para ser meu Salvador e meu Esposo, os tesouros infinitos de seus méritos são meus; feliz, vo-los ofereço, suplicando-vos que me olheis somente através da Face de Jesus e em seu Coração ardente de Amor.

Ofereço-vos ainda todos os méritos dos Santos (que estão no Céu e na Terra), seus atos de Amor e os dos Santos Anjos; enfim vos ofereço, ó Bem-aventurada Trindade! o Amor e os méritos da Santa Virgem, minha Mãe querida; é a ela que faço minha oferenda, rogando que a apresente a vós. Seu divino Filho, meu Esposo Bem-Amado, nos dias de sua vida mortal, disse-nos: "Tudo o que pedirdes a meu Pai, em meu nome, ele vo-lo dará!"

Tenho certeza de que realizareis meus desejos; eu sei, ó meu Deus! (quanto mais quereis dar, mais fazeis desejar). Sinto em meu coração desejos imensos, e é confiante que vos peço que tomeis posse de minha alma. Ah! Não posso receber a Santa Comunhão com a frequência que desejo, mas, Senhor, não sois Todo-Poderoso?... Permanecei em mim, como no tabernáculo, não vos afasteis jamais de vossa pequena hóstia…

Eu gostaria de vos consolar da ingratidão dos maus e vos suplico que retireis de mim a liberdade de vos desagradar; se por fraqueza caio às vezes, que imediatamente vosso Divino Olhar purifique a minha alma, consumindo todas as minhas imperfeições, como o fogo que transforma todas as coisas nele mesmo…

Eu vos agradeço, ó meu Deus! por todas as graças que me concedestes, em particular por me terdes feito passar pelo crisol do sofrimento. É com alegria que vos contemplarei no último dia, levando o cetro da Cruz; como vos dignastes partilhar comigo essa Cruz tão preciosa, espero ser semelhante a vós, no Céu, e ver brilhar em meu corpo glorificado os sagrados estigmas de vossa Paixão...

Depois do exílio da terra, espero ir comprazer-me de vós na Pátria, mas não quero acumular méritos para o Céu; quero trabalhar somente por vosso Amor, com o único objetivo de vos dar prazer, consolar vosso Sagrado Coração e salvar almas que vos amarão eternamente.

No ocaso desta vida, comparecerei diante de vós com as mãos vazias, pois não vos peço, Senhor, que conteis minhas obras. Todas as nossas justiças têm manchas a vossos olhos. Quero, pois, revestir-me de vossa própria Justiça e receber de vosso Amor a eterna posse de vós mesmo. Não quero nenhum outro Trono nem Coroa senão vós, ó meu Bem-Amado!...

A vossos olhos o tempo não é nada; um só dia é como mil anos. Podeis em um instante, pois, preparar-me para comparecer diante de vós...

A fim de viver em um ato de perfeito Amor, ofereço-me como vítima de holocausto a vosso Amor misericordioso, suplicando-vos que me consumais incessantemente, deixando transbordar em minha alma as ondas de infinita ternura que estão encerradas em vós e que assim eu me torne Mártir de vosso Amor, ó meu Deus!…

Que esse martírio, depois de me ter preparado para comparecer diante de vós, faça-me enfim morrer e que minha alma se atire sem demora no eterno enlace de vosso Misericordioso Amor…

Quero, ó meu Bem-Amado, a cada batida de meu coração renovar esta oferenda um número infinito de vezes, até que, uma vez dissipadas as sombras, eu possa redizer o meu Amor em um Face a Face Eterno!...

3. Noite de Páscoa 1896, a noite da Fé:

Gozava então de uma fé tão viva, tão clara, que o pensamento do Céu era toda a minha felicidade, não podia [5v] crer na existência de ímpios desprovidos de fé. Acreditava que falavam contra o próprio pensamento ao negar a existência do Céu, do belo Céu, onde o próprio Deus quer ser a recompensa eterna. Nos dias tão alegres do tempo pascal, Jesus fez-me sentir haver almas sem fé que, por abuso das graças, perdem esse precioso tesouro, fonte das únicas alegrias puras e verdadeiras. Permitiu que minha alma fosse invadida pelas mais densas trevas e que a ideia do Céu, tão suave para mim, não passasse de tema de combate e tortura... Essa provação não devia durar apenas alguns dias, algumas semanas, só devia desaparecer na hora marcada por Deus e... essa hora não chegou ainda... Gostaria de poder expressar o que sinto, mas creio ser impossível. É preciso ter andado por esse túnel escuro para compreender a escuridão. Mas vou tentar explicar por meio de uma comparação.

Imagino ter nascido num país envolvido por um denso nevoeiro. Nunca contemplei o risonho aspecto da natureza, inundada, transfigurada pelo sol brilhante; desde minha infância, ouço falar dessas maravilhas, sei que o país em que estou não é a minha pátria, que existe outro com o qual devo sonhar sempre. Não se trata de uma história inventada por um habitante do triste país em que estou, mas é uma realidade comprovada, pois o Rei da pátria do sol brilhante veio viver trinta e três anos [6f] no país das trevas. Ai! as trevas não entenderam que esse Rei divino era a luz do mundo... Mas, Senhor, vossa filha entendeu vossa divina luz, pede-vos perdão pelos seus irmãos, aceita comer, pelo tempo que quiserdes, o pão da dor e não quer levantar-se desta mesa coberta de amargura onde comem os pobres pecadores antes do dia marcado por vós... Mas não pode ela dizer em seu nome e em nome dos seus irmãos: Tendes piedade de nós, Senhor, pois somos pobres pecadores!?... Oh! Senhor, mandai-nos justificados para casa... Que todos aqueles que não estão iluminados pela luz resplandecente da fé a vejam finalmente luzir... Ó Jesus, se for preciso que a mesa por eles maculada seja purificada por uma alma que vos ama, aceito comer sozinha o pão da provação até o momento que vos agradar introduzir-me em vosso reino luminoso. A única graça que vos peço é a de nunca vos ofender!... (História de uma alma, 276-277)

4. O papa Francisco assim apresenta a atualidade de Santa Teresinha:

Às vezes, de Teresa, citam-se apenas expressões que são secundárias ou mencionam-se coisas que ela pode ter em comum com qualquer outro Santo: a oração, o sacrifício, a piedade eucarística e muitos outros belos testemunhos, mas assim poderíamos privar-nos daquilo que é mais específico do seu dom à Igreja, esquecendo que "cada santo é uma missão; é um projeto do Pai que visa refletir e encarnar, em um momento determinado da história, um aspeto do Evangelho". Por isso, "para identificar qual seja essa palavra que o Senhor quer dizer por meio dum santo, não convém deter-se nos detalhes, porque nisso também pode haver erros e quedas. Nem tudo o que um santo diz é plenamente fiel ao Evangelho, nem tudo o que faz é autêntico ou perfeito. O que devemos contemplar é o conjunto da sua vida, seu caminho inteiro de santificação, aquela figura que reflete algo de Jesus Cristo e que sobressai quando se consegue compor o sentido da totalidade da sua pessoa". E isso vale com maior força de razão para Santa Teresinha, sendo ela uma "Doutora da síntese".

Do céu à terra, a atualidade de Santa Teresa do Menino Jesus e da Santa Face permanece em toda a sua "pequena grandeza". Em um tempo que nos convida a fechar-nos nos próprios interesses, Teresinha mostra a beleza de fazer da vida um dom.

Em um período em que prevalecem as necessidades mais superficiais, ela é testemunha da radicalidade evangélica. Em uma época de individualismo, ela faz-nos descobrir o valor do amor que se torna intercessão. Em um momento em que o ser humano vive obcecado pela grandeza e por novas formas de poder, ela aponta a via da pequenez.

Em um tempo em que se descartam tantos seres humanos, ela ensina-nos a beleza do cuidado, do ocupar-se do outro. Em um momento de complexidade, ela pode ajudar-nos a redescobrir a simplicidade, o primado absoluto do amor, da confiança e do abandono, superando uma lógica legalista e moralista que enche a vida cristã de obrigações e preceitos e congela a alegria do Evangelho. Em um tempo de entrincheiramento e reclusão, Teresinha convida-nos à saída missionária, conquistados pela atração de Jesus Cristo e do Evangelho.

Século e meio depois de seu nascimento, Teresa está mais viva do que nunca no meio da Igreja em caminho, no coração do Povo de Deus. Está a peregrinar conosco, fazendo o bem sobre a terra, como tanto desejou. O sinal mais belo de sua vitalidade espiritual são as inúmeras "rosas" que vai espalhando, isto é, as graças que Deus nos concede por sua intercessão cheia de amor, para nos sustentar no percurso da vida.

Amada Santa Teresinha,
A Igreja precisa fazer resplandecer
A cor, o perfume, a alegria do Evangelho.
Enviai-nos vossas rosas!
Ajudai-nos a ter sempre confiança,
Como fizestes vós,
No grande amor que Deus tem por nós,
Para podermos imitar cada dia
O vosso caminhito de santidade.
Amém. (Exortação Apostólica C'est la confiance, 51-53)

5. Uma das santas mais queridas e amadas do mundo, não só católico, mas também de outras religiões. No Egito nós Carmelitas temos a Basílica a ela consagrada e todos os dias vemos pessoas muçulmanas, especialmente mulheres, que vêm rezar a Santa Teresa do Menino Jesus, uma santa ecumênica universal. Sua promessa da chuva de rosas continua a cair sobre a humanidade sedenta de misericórdia. Uma teóloga da síntese, em que tudo se reduz ao amor. Padroeira das missões em 1927, pelo papa Pio XI, e poucos sabem que em 1934 foi proclamada Padroeira da Rússia.

SANTA GEMA GALGANI (1878-1903)

Mística leiga italiana, embora se considere Passionista, porque vive a Paixão da cruz no estilo de São Paulo da Cruz, sua vida breve foi marcada pelo sofrimento e pela cruz. Uma Santa que viveu com intensidade. Em 1896 fez o voto de castidade. Durante sua vida tem visões da Virgem Maria, do Anjo da Guarda e de São Paulo da Cruz. Não sendo aceita no mosteiro, ela foi acolhida por uma família rica de Luca. Teve tuberculose, uma doença mortal naquele tempo. Gema morreu quase abandonada. Depois de sua morte, foi fundado um mosteiro de Passionistas onde atualmente está conservado seu corpo. Em sua autobiografia ela afirma ter recebido os estigmas. Uma santa frágil humanamente, mas forte pela graça de Deus.

SANTA ELISABETH DA TRINDADE (1880-1906)

Uma Carmelita Descalça que viveu com intensidade como leiga comprometida na paróquia, no estudo da música, uma jovem cheia de vida "centrada" em Deus, que sabe esperar a maior idade para entrar no Carmelo, porque sua mãe não queria conceder-lhe a licença. Uma jovem que possui uma forte liderança com suas companheiras de passeio, de estudo. Entra no Carmelo de Dijon, França. Ao cruzar o limiar da clausura, beija o chão na entrada de sua cela e sente uma alegria imensa, para ela o Carmelo é seu paraíso. Quando uma pessoa lhe pergunta o que faz no Carmelo, ela conta a vida diária de uma carmelita e diz: "tanto encontramos a Deus na oração como na lavanderia". Foi uma carmelita tomada pelo mistério trinitário. Quando lhe dizem que seu nome significa "casa de Deus", ela experimenta uma alegria toda particular. Orientada por sua mestra, madre Germana, chega à mais profunda comunhão com Deus. Mesmo na noite da dor Elisabeth permanece serena e tranquila. Quando não pode receber a Eucaristia por causa do vômito ela, escreve: "a

Eucaristia não é a única maneira para encontrar-se com Jesus". Em um momento de profunda prece escreve uma oração, que é uma síntese teológica e mística do mistério da Trindade em nós.

Ó meu Deus, Trindade que eu adoro, ajudai-me a esquecer-me inteiramente, para me estabelecer em Vós, imóvel e pacífica como se já a minha alma estivesse na eternidade.

Que nada possa perturbar a minha paz, nem fazer-me sair de Vós, ó meu Imutável, mas que cada minuto me leve mais longe na profundeza do vosso Mistério. Pacificai a minha alma, fazei dela o vosso céu, vossa morada amada e o lugar do vosso repouso. Que nunca aí eu vos deixe só, mas que esteja lá inteiramente, toda acordada em minha fé, perfeita adoradora, toda entregue à vossa ação criadora.

Ó meu Cristo amado, crucificado por amor, quereria ser uma esposa para vosso Coração, quereria cobrir-vos de glória, quereria amar-vos… até morrer de amor! Mas sinto a minha incapacidade e peço-vos para me "revestirdes de Vós mesmo", para identificar a minha alma com todos os movimentos da vossa alma, me submergir, me invadir, e vos substituir a mim, a fim que minha vida não seja senão uma irradiação da vossa Vida. Vinde a mim como Adorador, como Reparador e como Salvador.

Ó Verbo eterno, Palavra do meu Deus, quero passar minha vida a escutar-vos, quero tornar-me inteiramente dócil a vosso ensino, a fim de tudo aprender de Vós. Depois, por entre todas as noites, todos os vazios, todas as incapacidades, quero fixar-vos sempre e permanecer sob vossa grandiosa luz; ó meu Astro amado, fascinai-me para que já não possa sair da vossa irradiação.

Ó Fogo consumidor, Espírito de amor, "sobrevinde a mim", a fim de que se faça na minha alma como que uma encarnação do Verbo: que eu Lhe seja uma humanidade de acréscimo na qual Ele renove todo o seu Mistério. E Vós, ó Pai, inclinai-vos sobre esta vossa pobre pequena criatura, "cobri-a com vossa sombra", não vede nela senão "o Bem Amado no qual pusestes todas as vossas complacências".

Ó meus Três, meu Tudo, minha Beatitude, Solidão infinita, Imensidade em que me perco, entrego-me a Vós como uma presa. Sepultai-vos em mim para que eu me sepulte em Vós, esperando ir contemplar na vossa luz o abismo das vossas grandezas.

A missão de Santa Teresa do Menino Jesus é derramar uma chuva de rosas sobre a humanidade. A missão de Elisabeth da Trindade é ajudar as pessoas a serem adoradores do Pai em espírito e verdade. São esses os adoradores que o Pai busca. Ela ama profundamente o Apóstolo Paulo, que chama carinhosamente "o meu Paulo" e o evangelho de João. Uma espiritualidade interior que vai fermentando a vida a partir de dentro para fora. O Catecismo da Igreja cita a doutrina de Elisabeth da Trindade.

> *O fim último de toda a Economia divina é a entrada das criaturas na unidade perfeita da Santíssima Trindade. Mas desde já somos chamados a ser habitados pela Santíssima Trindade: "Se alguém me ama - diz o Senhor -, guardará minha palavra, e meu Pai o amará e viremos a ele, e faremos nele nossa morada" (Jo 14,23):*
>
> *Ó meu Deus, Trindade que adoro, ajudai-me a esquecer-me inteiramente para firmar-me em Vós, imóvel e pacífica, como se a minha alma já estivesse na eternidade: que nada consiga perturbar a minha paz nem fazer-me sair de Vós, ó meu Imutável, mas que cada minuto me leve mais longe na profundidade de vosso Mistério! Pacificai minha alma! Fazei dela vosso céu, vossa amada morada e o lugar do vosso repouso. Que nela eu nunca vos deixe só, mas que eu esteja aí, toda inteira, completamente vigilante na minha fé, toda adorante, toda entregue à vossa ação criadora. (CIC 260)*

SÃO MAXIMILIANO KOLBE (1894-1941)

Sua pátria é a Polônia. A família é pobre. Depois de ter escutado uma pregação sobre São Francisco, sente o desejo de tornar-se franciscano. Torna-se sacerdote como filho de Francisco de Assis, estuda em Roma, e no dia 16 de outubro de 1917, com alguns colegas, funda a "Milícia de Maria Imaculada". Será missionário incansável na difusão do amor à Virgem Maria. Encontremo-no missionário no Japão nos anos 1930-36. Por sua missionaridade é detido pelo nazismo em 1941, e em 14 de agosto do mesmo ano, no campo de concentração nazista, oferece-se para morrer no lugar de um pai de família. Tinha compreendido plenamente a mensagem do evangelho: "não há maior amor do que dar a vida por aquele que se ama". Maximiliano Kolbe amou Jesus até o fim, dando sua vida, e amou o próximo salvando a vida de um outro. Seu amor a Maria continua hoje e sua presença martirial nos recorda que o amor é mais forte do que a morte. É um patrono especial para nossos tempos difíceis, definiu-o o papa São João Paulo II.

SANTA EDITH STEIN (1891-1942)

Uma mulher rica intelectual e espiritualmente. Judia que, no estudo da filosofia, era a única mulher na aula de Russerl, que dizia com humorismo: "quando digo estes rapazes entendo também aquela mulher lá no fundo". Teve uma crise grande de fé e se tornou ateia, desse tempo ela mais tarde dirá: "minha única oração foi a busca da verdade". Exímia professora de filosofia antropológica, converteu-se ao cristianismo. Depois de ter estudado sozinha o Catecismo pediu o batismo. Viajou para vários países da Europa, dando palestras de filosofia. Convertida, estudou mais a fundo o relacionamento entre a fenomenologia e a doutrina cristã. A conversão, a oração pessoal, levou-a a escolher como seu futuro o Carmelo. Depois de ter lido em uma noite o livro da Vida, de Santa Teresa d'Ávila, ficou extasiada e fez desse livro o melhor comentário que foi dado: "aqui está a verdade". Entrando no Carmelo se despojou de tudo e fez as etapas formativas como qualquer pessoa. Nunca se valeu de seus títulos e de sua ciência para ter privilégios. Uma autêntica *Kenose*. Os superiores a obrigaram a deixar a Alemanha nazista e a refugiar-se na

Holanda. Mas foi presa no início de agosto de 1942, enquanto estava escrevendo a obra-prima de seus livros religiosos, a CIÊNCIA DA CRUZ, comentário à doutrina de São João da Cruz, para comemorar os 300 anos de sua morte. A gestapo a pegou com sua irmã Rosa e foram levadas para o campo de concentração de Auschwitz, onde morreram nos fornos crematórios, provavelmente no dia 8 de agosto. Ao sair de seu mosteiro, diz sua irmã Rosa: "vamos para nosso povo!" Sua filosofia está tomando sempre mais espaço nas universidades e estão multiplicando grupos de estudos steinianos, mesmo no Brasil. Grande é sua produção filosófica. Ela aprofundou em seus estudos a "empatia", e interessante é seu livro sobre a Mulher.

SANTA FAUSTINA KOWALSKA (1905-1938)

Desde criança manifesta um grande amor à oração, ao silêncio. A família é muito pobre, e Faustina trabalha em uma casa de ricos conhecidos. Sente-se chamada à vida religiosa, mas a família é pobre. Porém os amigos e conhecidos preparam para ela o necessário para poder entrar na vida religiosa das Irmãs da Virgem Maria da Misericórdia. Realiza na simplicidade seu noviciado, são-lhe confiados trabalhos simples, como o cuidado da horta, da portaria e outros trabalhos caseiros. Ela os desempenha com amor. Começa a ter "revelações privadas" que alcançaram a universalidade com o papa João Paulo II, que graças a essas revelações instituirá a festa da Divina Misericórdia, que se celebra no primeiro domingo depois da Páscoa. O mesmo Jesus lhe pede para difundir sua imagem, uma imagem que tem uma bela história, até que o pintor conseguiu realizá-la como Santa Faustina queria: raios de luz e Jesus com os braços abertos, que acolhem com amor. É a imagem da divina misericórdia, atualmente espalhada e presente em todas as Igrejas. Atualmente, Santa Faustina é uma das Santas mais conhecidas e mais amadas no mundo. Ela permanece como sempre quis permanecer, escondida. O que aparece é a misericórdia de Jesus, amor.

SÃO PIO DE PIETRALCINA (1887-1968)

Nasce em uma família pobre. O pai migra para a América em busca de uma vida melhor. O pequeno Francisco sente uma atração particular para a vida religiosa, e desde criança experimenta fenômenos extraordinários. Entra na Ordem dos Capuchinhos. Muitas vezes, vê-se tentado fortemente, e ele luta contra o demônio. Em 1938, recebe os estigmas, um fenômeno extraordinário que chamará a atenção, tanto na Igreja como fora dela. O Padre Pio aceita essa prova e permanece fiel e tranquilo no mais profundo de si mesmo. Aceita com obediência as provas que a Igreja lhe impõe. As características de sua espiritualidade são a Eucaristia, o atendimento nas confissões e o dom da escuta de quem sofre, no corpo e no espírito. Funda com amigos fiéis a "casa do alívio do sofrimento", um grande hospital que acolhe as pessoas de todo lado da Itália e do estrangeiro. Foi beatificado e proclamado santo pelo Papa São João Paulo II. São Pio de Pietralcina, um santo muito amado, tem devotos no mundo inteiro, nas suas cartas de direção espiritual encontramos as linhas de sua missão apostólica: o amor a Jesus crucificado, à Virgem Maria e a compaixão para com os pecadores. Caráter firme e enérgico, que soube resistir a manipulações, que queriam envolvê-lo nas coisas materiais.

THOMAS MERTON (1915-1968)

Uma grande figura da espiritualidade moderna, que com seus escritos redespertou o amor à vida contemplativa. Um convertido que não se fechou sobre o passado, mas se abriu às exigências dos tempos. Achou muito importante o encontro inter-religioso e ecumênico para compreender que a intimidade com Deus não é só um privilégio católico, o encontro com Deus é buscado por todos os que vivem com sinceridade a dimensão religiosa. Para Thomas Merton a contemplação tem dois movimentos: a graça de Deus que chama e a resposta do ser humano a esse chamado à oração e à vida mística. Em todas as situações da vida somos chamados a descobrir a vontade de Deus - amor e gratuidade. Seus livros foram best-sellers. Hoje em dia se republicam muitíssimos de seus livros, e tem uma associação que faz isso com muita competência e muito amor.

13.1 O Concílio Vaticano II (1962-1965)

Com o Concílio Vaticano II se abre uma nova página da história da Igreja, uma nova visão da teologia e novos caminhos da espiritualidade. Sente-se o peso do passado e a dificuldade de comunicar às novas gerações o evangelho. Os Padres Conciliares abrem uma nova janela no mundo e tentam ter uma visão global da sociedade, da Igreja e percebem que é necessário fazer uma corajosa adaptação para que se possa entrar em comunhão com o mundo, que sai da 2ª Guerra Mundial, e experimenta uma realidade nova.

As grandes tecnologias se fazem presentes, o mundo do trabalho questiona o modelo do cristianismo. Os documentos no fim do Concílio Vaticano II não possuem uma força dogmática, mas pastoral. Os mesmos documentos abrangem toda a vida da Igreja, do ecumenismo, dos meios de comunicação social, a liberdade religiosa e a mesma vida religiosa. Uma visão ampla que não é fácil assimilar, e depois de 60 anos ainda permanecem "bolsões" ao redor da Igreja, que não querem assimilar o Concílio Vaticano II. A espiritualidade tenta fazer seus caminhos, embora encontre resistência de todo tipo.

Algumas características que podem ajudar a possuir uma visão de conjunto:

1. Os movimentos de libertação política influenciam também a vida da Igreja, especialmente nos países da América Latina e da África;

2. A luta pelos direitos humanos e contra os movimentos de elite e o racismo são "fogos" de libertação e de desejo de igualdade social, política e religiosa;

3. A teologia da libertação começa a ser fermento no meio dos teólogos e coloca em crise a teologia tradicional, feita de ideias e não de vida prática;

4. O grito dos pobres chega ao interior da Igreja com Medellín, Puebla... os pobres nos interpelam e questionam;

5. A Vida Religiosa procura novos caminhos de inserção no meio do povo, as grandes obras são colocadas em questionamento;

6. A religiosidade popular reencontra seu caminho e revaloriza os sentimentos do povo;

7. A leitura encarnada e atualizada da Bíblia faz surgir as comunidades de base, que alimentam um novo estilo de pastoral, de oração e de vida;

8. Uma Igreja "em saída" para as periferias obriga a um repensamento dos métodos apostólicos, provocados pelo abandono de tantos católicos, que se refugiam nas expressões cristãs de tantas Igrejas estilo pentecostais;

9. Percebe-se que não é possível caminhar sozinhos, é necessário união e surgem grupos de oração. Os carismáticos encontram conflitos nas paróquias, mas lentamente se chega a uma harmonização. Surgem novas comunidades, com carismas próprios ao serviço de uma renovação eclesial e pessoal;

10. Uma leitura atenta dos documentos da Igreja, dos sínodos far-nos-á compreender os passos que toma uma nova espiritualidade. O evangelho é a fonte de todo caminho, embora muitas vezes uma leitura parcial ou tendenciosa impeça de beber genuinamente da palavra de Deus.

Surgem novos estilos de vida, multiplicam-se pequenas comunidades, que nem sempre têm tido o critério da unidade, da comunhão e da missão.

GAUDETE ET EXULTATE

Em meu parecer a Carta Apostólica do papa Francisco "Gaudete et Exultate", de 19 de março de 2018, constitui um ponto de chegada e de partida de novos caminhos da espiritualidade. O chamado à santidade de todo o povo de Deus, sem excluir ninguém, reafirma o caminho e a vocação de cada batizado, ao encontro com Deus. Um encontro pessoal, e o Papa nos coloca em guarda de dois inimigos da santidade, sempre presentes no caminho espiritual.

DOIS INIMIGOS SUBTIS DA SANTIDADE

35. Neste contexto, desejo chamar a atenção para duas falsificações da santidade que poderiam extraviar-nos: o gnosticismo e o pelagianismo. São duas heresias que surgiram nos primeiros séculos do cristianismo, mas continuam a ser de alarmante atualidade. Ainda hoje os corações de muitos cristãos, talvez inconscientemente, deixam-se seduzir por essas propostas enganadoras. Nelas aparece expresso um imanentismo antropocêntrico, disfarçado de verdade católica. Vejamos estas duas formas de segurança doutrinária ou disciplinar, que dão origem «a um elitismo narcisista e autoritário, onde, em vez de evangelizar, analisam-se e classificam os demais e, em vez de facilitar o acesso à graça, consomem-se as energias a controlar. Em ambos os casos, nem Jesus Cristo nem os outros interessam verdadeiramente».

O gnosticismo atual

36. O gnosticismo supõe «uma fé fechada no subjetivismo, em que apenas interessa uma determinada experiência ou uma série de raciocínios e conhecimentos que supostamente confortam e iluminam, mas, em última instância, a pessoa fica enclausurada na imanência da sua própria razão ou dos seus sentimentos».

Uma mente sem Deus e sem carne

37. Graças a Deus, ao longo da história da Igreja, ficou bem claro que aquilo que mede a perfeição das pessoas é seu grau de caridade, e não a quantidade de dados e conhecimentos que possam acumular. Os «gnósticos», confusos nesse ponto, julgam os outros segundo conseguem, ou não, compreender a profundidade de certas doutrinas. Concebem uma mente sem encarnação, incapaz de tocar a carne sofredora de Cristo nos outros, engessada numa enciclopédia de abstrações. Ao desencarnar o mistério, em última análise preferem «um Deus sem Cristo, um Cristo sem Igreja, uma Igreja sem povo».

38. Em suma, trata-se duma vaidosa superficialidade: muito movimento à superfície da mente, mas não se move nem se comove a profundidade do pensamento. No entanto, consegue subjugar alguns com seu fascínio enganador, porque o equilíbrio gnóstico é formal e supostamente asséptico, podendo assumir o aspeto duma certa harmonia ou duma ordem que tudo abrange.

39. Mas atenção! Não estou a referir-me aos racionalistas inimigos da fé cristã. Isso pode acontecer dentro da Igreja, tanto nos leigos das paróquias como naqueles que ensinam filosofia ou teologia em centros de formação. Com efeito, também é típico dos gnósticos crer que eles, com suas explicações, podem tornar perfeitamente compreensível toda a fé e todo o Evangelho. Absolutizam suas teorias e obrigam os outros a submeterem-se aos raciocínios que eles usam. Uma coisa é o uso saudável e humilde da razão para refletir sobre o ensinamento teológico e moral do Evangelho, outra é pretender reduzir o ensinamento de Jesus a uma lógica fria e dura que procura dominar tudo.

Uma doutrina sem mistério

40. O gnosticismo é uma das piores ideologias, pois, ao mesmo tempo que exalta indevidamente o conhecimento ou uma determinada experiência, considera que sua própria visão da realidade seja a perfeição. Assim, talvez, sem se perceber, essa ideologia autoalimenta-se e torna-se ainda mais cega. Por vezes, torna-se particularmente enganadora, quando se disfarça de espiritualidade desencarnada. Com efeito, o gnosticismo, «por sua natureza, quer domesticar o mistério», tanto o mistério de Deus e da sua graça, como o mistério da vida dos outros.

41. Quando alguém tem resposta para todas as perguntas, demonstra que não está no bom caminho e é possível que seja um falso profeta, que usa a religião para seu benefício, a serviço das próprias lucubrações psicológicas e mentais. Deus supera-nos infinitamente, é sempre uma surpresa e não somos nós que determinamos a circunstância histórica em que o encontramos, já que não dependem de nós o tempo, nem o lugar, nem a modalidade do encontro. Quem quer tudo claro e seguro, pretende dominar a transcendência de Deus.

42. Nem se pode pretender definir onde Deus não se encontra, porque Ele está misteriosamente presente na vida de toda pessoa, na vida de cada um como Ele quer, e não o podemos negar com as nossas supostas certezas. Mesmo quando a vida de alguém tiver sido um desastre, mesmo que o vejamos destruído pelos vícios ou pelas dependências, Deus está presente na sua vida. Se nos deixarmos guiar mais pelo Espírito do que pelos nossos raciocínios, podemos e devemos procurar o Senhor em cada vida humana. Isso faz parte do mistério que as mentalidades gnósticas acabam por rejeitar, porque não o podem controlar.

Os limites da razão

43. Só de forma muito pobre, chegamos a compreender a verdade que recebemos do Senhor. E, ainda com maior dificuldade, conseguimos expressá-la. Por isso não podemos pretender que o nosso modo de a entender nos autorize a exercer um controle rigoroso sobre a vida dos outros. Quero lembrar que, na Igreja, convivem legitimamente diferentes maneiras de interpretar muitos aspetos da doutrina e da vida cristã, que, na sua variedade, «ajudam a explicitar melhor o tesouro riquíssimo da Palavra. [Certamente,] a quantos sonham com uma doutrina monolítica defendida sem nuances por todos, isto poderá parecer uma dispersão imperfeita». Por isso mesmo, algumas correntes gnósticas desprezaram a simplicidade tão concreta do Evangelho e tentaram substituir o Deus trinitário e encarnado por uma Unidade superior onde desaparecia a rica multiplicidade da nossa história.

44. Na realidade, a doutrina, ou melhor, a nossa compreensão e expressão dela, «não é um sistema fechado, privado de dinâmicas próprias capazes de gerar perguntas, dúvidas, questões (...); e as perguntas do nosso povo, as suas angústias, batalhas, seus sonhos e suas preocupações possuem um valor hermenêutico que não podemos ignorar, se quisermos deveras levar a sério o princípio da encarnação. As suas perguntas ajudam-nos a questionar-nos, as suas questões interrogam-nos».

45. Com frequência, verifica-se uma perigosa confusão: julgar que, por sabermos algo ou podermos explicá-lo com uma certa lógica, já somos santos, perfeitos, melhores do que a «massa ignorante». São João Paulo II advertia, a quantos na Igreja têm a possibilidade de uma formação mais elevada, contra a tentação de cultivarem «um certo sentimento de superioridade relativamente aos outros fiéis». Na realidade, porém, aquilo que julgamos saber sempre deveria ser uma motivação para responder melhor ao amor de Deus, porque «se aprende para viver: teologia e santidade são um binómio inseparável».

46. São Francisco de Assis, ao ver que alguns dos seus discípulos ensinavam a doutrina, quis evitar a tentação do gnosticismo. Então escreveu assim a Santo António de Lisboa: «Apraz-me que interpreteis aos demais frades a sagrada teologia, contanto que este estudo não apague neles o espírito da santa oração e devoção». Reconhecia a tentação de transformar a experiência cristã num conjunto de especulações mentais, que acabam por nos afastar do frescor do Evangelho. São Boaventura, por sua vez, advertia que a verdadeira sabedoria cristã não se deve desligar da misericórdia para com o próximo: «A maior sabedoria que pode existir consiste em dispensar frutuosamente o que se possui e que lhe foi dado precisamente para o distribuir (...). Por isso, como a misericórdia é amiga da sabedoria, assim a avareza é sua inimiga».[44] «Há atividades, como as obras de misericórdia e de piedade, que, unindo-se à contemplação, não a impedem, antes favorecem-na».

O pelagianismo atual

47. O gnosticismo deu lugar a outra heresia antiga, que está presente também hoje. Com o passar do tempo, muitos começaram a reconhecer que não é o conhecimento que nos torna melhores ou santos, mas a vida que levamos. O problema é que isso foi sutilmente degenerando, de modo que o mesmo erro dos gnósticos foi simplesmente transformado, mas não superado.

48. Com efeito, o poder que os gnósticos atribuíam à inteligência, alguns começaram a atribuí-lo à vontade humana, ao esforço pessoal. Surgiram, assim, os pelagianos e os semipelagianos. Já não era a inteligência que ocupava o lugar do mistério e da graça, mas a vontade. Esquecia-se que «isso não depende daquele que quer nem daquele que se esforça por alcançá-lo, mas de Deus que é misericordioso» (Rm 9,16) e que Ele «nos amou primeiro» (1 Jo 4,19).

Uma vontade sem humildade

49. Quem se conforma a essa mentalidade pelagiana ou semipelagiana, embora fale da graça de Deus com discursos edulcorados, «no fundo, só confia nas suas próprias forças e sente-se superior aos outros por cumprir determinadas normas ou por ser irredutivelmente fiel a um certo estilo católico». Quando alguns deles se dirigem aos frágeis, dizendo-lhes que se pode tudo com a graça de Deus, basicamente costumam transmitir a ideia de que tudo se pode com a vontade humana, como se essa fosse algo puro, perfeito, onipotente, a que se acrescenta a graça. Pretende-se ignorar que «nem todos podem tudo», e que, nesta vida, as fragilidades humanas não são curadas, completamente e duma vez por todas, pela graça. Em todo o caso, como ensinava Santo Agostinho, Deus convida-te a fazer o que podes e «a pedir o que não podes»; ou então a dizer humildemente ao Senhor: «dai-me o que me ordenais e ordenai-me o que quiserdes».

50. No fundo, a falta dum reconhecimento sincero, pesaroso e orante dos nossos limites é que impede a graça de atuar melhor em nós, pois não lhe deixa espaço para provocar aquele bem possível que se integra num caminho sincero e real de crescimento. A graça, precisamente porque supõe a nossa natureza, não nos faz improvisamente super-homens. Pretendê-lo seria confiar demasiado em nós próprios. Nesse caso, por trás da ortodoxia, nossas atitudes podem não corresponder ao que afirmamos sobre a necessidade da graça e, na prática, acabamos por confiar pouco nela. Com efeito, se não reconhecemos nossa realidade concreta e limitada, não poderemos ver os passos reais e possíveis que o Senhor nos pede em cada momento, depois de nos ter atraído e tornado idôneos com seu dom. A graça atua historicamente e, em geral, toma-nos e transforma-nos de forma progressiva. Por isso, se recusarmos essa modalidade histórica e progressiva, de fato podemos chegar a negá-la e bloqueá-la, embora a exaltemos com as nossas palavras.

51. Quando Deus se dirige a Abraão, diz-lhe: «Eu sou o Deus supremo. Anda na minha presença e sê perfeito» (Gn 17,1). Para poder ser perfeitos, como é do seu agrado, precisamos viver humildemente na presença dele, envolvidos por sua glória; necessitamos andar em união com Ele, reconhecendo seu amor constante em nossa vida. Há que perder o medo dessa presença que só nos pode fazer bem. É o Pai que nos deu vida e nos ama tanto. Uma vez que o aceitamos e deixamos de pensar nossa existência sem Ele, desaparece a angústia da solidão (cf. Sl 139/138,7). E, se deixarmos de pôr Deus à distância e vivermos na sua presença, poderemos permitir-lhe que examine nossos corações para ver se seguem pelo reto caminho (cf. Sl 139/138,23-24). Assim conheceremos a vontade perfeita e agradável ao Senhor (cf. Rm 12, 1-2) e deixaremos que Ele nos molde como um oleiro (cf. Is 29,16). Dissemos tantas vezes que Deus habita em nós, mas é melhor dizer que nós habitamos nele, que Ele nos possibilita viver na sua luz e no seu amor. Ele é nosso templo: «Uma só coisa (...) ardentemente desejo: é habitar na casa do Senhor todos os dias da minha vida» (Sl 27/26,4). «Um dia em teus átrios vale por mil» (Sl 84/83,11). Nele somos santificados.

Um ensinamento da Igreja frequentemente esquecido

52. A Igreja ensinou repetidamente que não somos justificados por nossas obras ou por nossos esforços, mas pela graça do Senhor que toma a iniciativa. Os Padres da Igreja, já antes de Santo Agostinho, expressavam com clareza essa convicção primária. Dizia São João Crisóstomo que Deus derrama em nós a própria fonte de todos os dons, «antes de termos entrado no combate». São Basílio Magno observava que o fiel se gloria apenas em Deus, porque «reconhece estar privado da verdadeira justiça e que é justificado somente por meio da fé em Cristo».

53. O II Sínodo de Orange ensinou, com firme autoridade, que nenhum ser humano pode exigir, merecer ou comprar o dom da graça divina, e que toda a cooperação com ela é dom prévio da mesma graça: «até o desejo de ser puro se realiza em nós por infusão do Espírito Santo e com sua ação sobre nós». Sucessivamente o Concílio de Trento, mesmo quando destacou a importância da nossa cooperação para o crescimento espiritual, reafirmou tal ensinamento dogmático: «Afirma-se que somos justificados gratuitamente, porque nada do que precede a justificação, quer a fé, quer as obras, merece a própria graça da justificação; porque, se é graça, então não é pelas obras, caso contrário, a graça já não seria graça (Rm 11,6)».

54. Também o Catecismo da Igreja Católica nos lembra que o dom da graça «ultrapassa as capacidades da inteligência e as forças da vontade humana» e que, «em relação a Deus, não há, da parte do homem, mérito no sentido dum direito estrito. Entre Ele e nós, a desigualdade é sem medida». A sua amizade supera-nos infinitamente, não pode ser comprada por nós com nossas obras e só pode ser um dom da sua iniciativa de amor. Isso convida-nos a viver com jubilosa gratidão por este dom que nunca mereceremos, uma vez que, «depois duma pessoa já possuir a graça, não pode a graça já recebida cair sob a alçada do mérito». Os santos evitam pôr a confiança nas suas ações: «Ao anoitecer desta vida, aparecerei diante de vós com as mãos vazias, pois não vos peço, Senhor, que conteis as minhas obras. Todas as nossas justiças têm manchas aos vossos olhos».

55. Essa é uma das grandes convicções definitivamente adquiridas pela Igreja e está tão claramente expressa na Palavra de Deus que fica fora de qualquer discussão. Essa verdade, tal como o supremo mandamento do amor, deveria caracterizar nosso estilo de vida, porque bebe do coração do Evangelho e convida-nos não só a aceitá-la com a mente, mas também a transformá-la numa alegria contagiosa. Mas não poderemos celebrar com gratidão o dom gratuito da amizade com o Senhor, se não reconhecermos que a própria existência terrena e nossas capacidades naturais são um dom. Precisamos «reconhecer alegremente que nossa realidade é fruto de um dom, e aceitar também nossa liberdade como graça. Isso é difícil hoje, num mundo que julga possuir algo por si mesmo, fruto da sua própria originalidade e liberdade».

56. Só a partir do dom de Deus, livremente acolhido e humildemente recebido, é que podemos cooperar com nossos esforços para nos deixarmos transformar cada vez mais. A primeira coisa é pertencer a Deus. Trata-se de nos oferecermos a Ele que nos antecipa, de lhe oferecermos nossas capacidades, nosso esforço, nossa luta contra o mal e nossa criatividade, para que seu dom gratuito cresça e se desenvolva em nós: «por isso, vos exorto, irmãos, pela misericórdia de Deus, a que ofereçais vossos corpos como sacrifício vivo, santo, agradável a Deus» (Rm 12,1). Aliás, a Igreja sempre ensinou que só a caridade torna possível o crescimento na vida da graça, porque, «se não tiver amor, nada sou» (1Cor 13,2).

Os novos pelagianos

57. Ainda há cristãos que insistem em seguir outro caminho: o da justificação por suas próprias forças, o da adoração da vontade humana e da própria capacidade, que se traduz numa autocomplacência egocêntrica e elitista, desprovida do verdadeiro amor. Manifesta-se em muitas atitudes aparentemente diferentes entre si: a obsessão pela lei, o fascínio de exibir conquistas sociais e políticas, a ostentação no cuidado da liturgia, da doutrina e do prestígio da Igreja, a vanglória ligada à gestão de assuntos práticos, a atração pelas dinâmicas de autoajuda e realização autorreferencial. É nisso que alguns cristãos gastam suas energias e seu tempo, em vez de se deixarem guiar pelo Espírito no caminho do amor, apaixonarem-se por comunicar a beleza e a alegria do Evangelho e procurarem os afastados nessas imensas multidões sedentas de Cristo.

58. Muitas vezes, contra o impulso do Espírito, a vida da Igreja transforma-se numa peça de museu ou numa propriedade de poucos. Verifica-se isso quando alguns grupos cristãos dão excessiva importância à observância de certas normas próprias, costumes ou estilos. Assim se habituam a reduzir e manietar o Evangelho, despojando-o da sua simplicidade cativante e do seu sabor. É talvez uma forma sutil de pelagianismo, porque parece submeter a vida da graça a certas estruturas humanas. Isso diz respeito a grupos, movimentos e comunidades, e explica por que tantas vezes começam com uma vida intensa no Espírito, mas depressa acabam fossilizados... ou corruptos.

59. Sem nos darmos conta, pelo fato de pensar que tudo depende do esforço humano canalizado através de normas e estruturas eclesiais, complicamos o Evangelho e tornamo-nos escravos dum esquema que deixa poucas aberturas para que a graça atue. Santo Tomás de Aquino lembrava-nos que se deve exigir, com moderação, os preceitos acrescentados ao Evangelho pela Igreja, «para não tornar a vida pesada aos fiéis, [porque assim] se transformaria nossa religião numa escravidão».

O resumo da Lei

60. Para evitar isso, é bom recordar frequentemente que existe uma hierarquia das virtudes, que nos convida a buscar o essencial. A primazia pertence às virtudes teologais, que têm Deus como objeto e motivo. E, no centro, está a caridade. São Paulo diz que o que conta verdadeiramente é «a fé que atua pelo amor» (Gl 5,6). Somos chamados a cuidar solicitamente da caridade: «quem ama o próximo cumpre plenamente a Lei. (...) Assim, é no amor que está o pleno cumprimento da lei» (Rm 13,8.10). «É que toda a Lei se resume neste único preceito: 'Ama o teu próximo como a ti mesmo'» (Gl 5,14).

61. Por outras palavras, no meio da densa selva de preceitos e prescrições, Jesus abre uma brecha que permite vislumbrar dois rostos: o do Pai e o do irmão. Não nos dá mais duas fórmulas ou dois preceitos; entrega-nos dois rostos, ou melhor, um só: o de Deus que se reflete em muitos, porque em cada irmão, especialmente no mais pequeno, frágil, inerme e necessitado, está presente a própria imagem de Deus. De fato, será com os descartados desta humanidade vulnerável que, no fim dos tempos, o Senhor plasmará sua última obra de arte. Pois, «o que é que resta? O que é que tem valor na vida? Quais são as riquezas que não desaparecem? Seguramente duas: o Senhor e o próximo. Essas duas riquezas não desaparecem».

62. Que o Senhor liberte a Igreja das novas formas de gnosticismo e pelagianismo que a complicam e detêm no seu caminho para a santidade! Estes desvios manifestam-se de formas diferentes, segundo o temperamento e as caraterísticas próprias. Por isso, exorto cada um a questionar-se e a discernir diante de Deus a maneira como possam estar a manifestar-se na sua vida. (Gaudete Et Exultate cap. 2)

CONCLUSÃO:

A PORTA ABERTA DA ESPIRITUALIDADE

A espiritualidade é um tema que nunca se esgota. Nesta rápida caminhada através dos séculos, minha intenção era "despertar o apetite" pelas coisas de Deus. Não sei se tenho conseguido, mas seja qual for o resultado, chega o momento de fechar o caminho, que é abrir uma outra porta para continuar o caminho ou repercorrer o caminho já feito.

A espiritualidade é sempre ter um olhar ao passado, outro no presente e outro no futuro. É Deus que é "o Pastor que nos conduz" através das noites escuras e luminosas dos séculos, para que não tenhamos medo, mas que confiemos nele, fonte de toda a sabedoria. O amor de Deus não se pode medir. Eu amo muito uma citação de São João da Cruz na *Chama Viva de amor*. A terceira estrofe diz assim:

Oh! Lâmpadas de fogo
Em cujos resplendores
As profundas cavernas do sentido,
– Que estava escuro e cego –,
Com estranhos primores
Calor e luz dão junto a seu Querido!

Eis o que o santo nos diz de Deus:

> *A Sagrada Escritura refere como uma destas lâmpadas passou outrora diante de Abraão, causando nele grandíssimo horror tenebroso, porque era a lâmpada da justiça rigorosa que Deus iria exercer contra os cananeus (Gn 15,12-17). Se, pois, todas essas lâmpadas de conhecimento de Deus brilham diante de ti com tanto amor e benevolência, ó alma enriquecida, quanto maior luz e deleite de amor te hão de trazer, do que trouxe de horror e treva aquela que brilhou diante de Abraão? Qual não será, portanto, a grandeza, a riqueza e a multiplicidade de teu gozo, se de todas e em todas essas lâmpadas recebes fruição e amor, e por elas comunicam-se Deus às tuas potências, segundo seus divinos atributos e perfeições? De fato, quando uma pessoa ama e faz bem à outra, age segundo sua própria condição e natureza; deste modo, teu Esposo, estando em ti como quem é, assim te faz suas mercês. Sendo onipotente, ama-te e faz bem a ti com onipotência; sendo sábio, sentes que te faz bem e ama com sabedoria; por ser infinitamente bom, sentes que te ama com bondade; sendo santo, sentes que te ama e te agracia com santidade; sendo justo, sente que te ama e faz mercês com justiça. Por ser misericordioso, piedoso e clemente, sentes sua misericórdia, piedade e clemência; sendo ele forte, sublime, e delicado em seu divino ser, sentes que te ama com força, elevação e delicadeza. Como é simples e puro, sentes que com pureza e simplicidade te ama; como é verdadeiro, sentes que te ama com verdade. Sendo liberal, conheces que te ama e beneficia com liberalidade, sem interesse algum, só para fazer-te bem; como é a virtude da suma humildade, com suma humildade e com suma estimação te ama, chegando a igualar-te com ele, e a revelar-te a ti nestas vias do conhecimento de seu divino ser; e o faz alegremente, com a sua face cheia de graças, dizendo-te nesta união de seu amor, não sem grande júbilo teu: eu sou teu e para ti, e gosto de ser tal qual sou para ser teu e dar-me a ti. (Ch 3,6)*

Há uma espiritualidade que não brota da ciência e do estudo, mas do contato íntimo com Deus, da contemplação, e uma espiritualidade que exige pesquisas, estudo e parar diante dos santos de todos os séculos para que possamos compreender que existe uma continuidade da experiência de Deus, que nasce na história e faz história conosco.

Agora o trabalho é seu, deixar-se surpreender pelos santos, que não faltam em nenhuma época histórica e circunscrições geográficas. Em todos os países temos santos que viveram dentro de uma cultura, mas se deixaram apaixonar por Cristo Jesus e proclamaram o *Kerigma* com a vida: encarnação, paixão, morte e ressurreição. Temos mártires e profetas. Hoje precisamos aprender, para descobrir o verdadeiro rosto de Deus, a colocar-nos na escuta e no diálogo com as culturas e as religiões e veremos brotar uma nova primavera. Toda espiritualidade afunda suas raízes na Bíblia Sagrada, e todos os ramos do saber teológico ou são espirituais, isto é, ou levam à santidade, ou são palavras que não constroem o mistério do amor de Deus.

Como porta que se fecha e se abre, gosto de colocar dois textos para a reflexão pessoal:

> *Se eu falasse as línguas dos homens e as dos anjos, mas não tivesse amor, eu seria como um bronze que soa ou um címbalo que retine. Se eu tivesse o dom da profecia, se conhecesse todos os mistérios e toda a ciência, se tivesse toda a fé, a ponto de remover montanhas, mas não tivesse amor, eu nada seria. Se eu gastasse todos os meus bens no sustento dos pobres e até me entregasse como escravo, para me gloriar, mas não tivesse amor, de nada me aproveitaria. O amor é paciente, é benfazejo; não é invejoso, não é presunçoso nem se incha de orgulho; não faz nada de vergonhoso, não é interesseiro, não se encoleriza, não leva em conta o mal sofrido; não se alegra com a injustiça, mas fica alegre com a verdade. Ele desculpa tudo, crê tudo, espera tudo, suporta tudo. O amor jamais acabará. As profecias desaparecerão, as línguas cessarão, a ciência desaparecerá. Com efeito, nosso conhecimento é limitado, como também é limitado nosso profetizar. Mas, quando vier o que é perfeito, desaparecerá o que é imperfeito. Quando eu era criança, falava como criança, pensava como criança, raciocinava como criança. Quando me tornei adulto, rejeitei o que era próprio de criança. Agora nós vemos num espelho, confusamente; mas, então, veremos face a face. Agora, conheço apenas em parte, mas, então, conhecerei comple-*

tamente, como sou conhecido. Atualmente permanecem estas três: a fé, a esperança, o amor. Mas a maior delas é o amor. (1Cor 13,1-13)

Ninguém depois de Jesus tem no ocidente e no oriente despertado tanto amor como Maria, Mãe de Jesus, mestra da vida espiritual. Mulher atenta e em diálogo com o Espírito Santo, revestiu com sua carne o Verbo eterno, e na história de sua vida cantou as maravilhas do Senhor.

> *"A minha alma engrandece o Senhor, e meu espírito se alegra em Deus, meu Salvador, porque ele olhou para a humildade de sua serva. Todas as gerações, de agora em diante, me chamarão feliz, porque o Poderoso fez para mim coisas grandiosas. O seu nome é santo, e sua misericórdia se estende de geração em geração sobre aqueles que o temem. Ele mostrou a força de seu braço: dispersou os que têm planos orgulhosos no coração. Derrubou os poderosos de seus tronos e exaltou os humildes. Encheu de bens os famintos, e mandou embora os ricos de mãos vazias. Acolheu Israel, seu servo, lembrando-se de sua misericórdia, conforme prometera a nossos pais, em favor de Abraão e de sua descendência, para sempre".* (Lc 1,47-55)

REFERÊNCIAS BIBLIOGRÁFICAS

ANCILLI, Ermanno e Pontifício Instituto de Espiritualidade Teresianum. *Dicionário de espiritualidade*. Vols. I, II e III. São Paulo: Ed. Loyola, 2012.

BÍBLIA DA CNBB. Brasília: Ed. CNBB, 2024.

BENK, Christoph. *Alla sequela di Gesu*. Itália: Queriniana, 2019.

BOUYER. *Spiritualita dei padri*. Itália: Bologna, 1986.

BORIELLO e RAFFAELE di Mauro-Ancora. *Storia dela spiritualita Cristiana*. Itália, 2013.

CATECISMO DA IGREJA CATÓLICA. São Paulo: Loyola, 2000.

KEES, Waaijman. La spiritualita: forme, fondamenti e metodi. Itália: Queriniana, 2007.

SCIADINI, Patrizio. *Enciclopedia della preghiera*. Itália: Editrice Vaticana, 2005.

Instituto per la spiritualitá. Corso fondamentale di sipiritualitá. Itália: Queriniana, 1998.

Vari autori. *Il grande livro dei santi.* Itália: San Pablo, 1998.

VIDAL, Marciano. *Afonso de Ligório*. Vols. I, II, III e IV. Aparecida: Ed. Santuário, 2022.

Este livro foi composto com as famílias tipográficas Apolline e Gibson
e impresso em papel Offtset 63g/m² pela **Gráfica Santuário.**